PONS

W0266417

Der große Rätselspaß
ENGLISCH

5. – 10. Klasse

von
Brian Melican

PONS GmbH
Stuttgart

PONS

Der große Rätselspaß
ENGLISCH

5. – 10. Klasse

von
Brian Melican

Auflage A1 4 3 2 1 / 2015 2014 2013 2012

PONS Produktinfos und Shop: www.pons.de
PONS Sprachenportal: www.pons.eu
E-Mail: info@pons.de

Redaktion: Canan Özdamar, Brian Wolfe
Logoentwurf: Erwin Poell, Heidelberg
Logoüberarbeitung: Sabine Redlin, Ludwigsburg
Einbandgestaltung: Daniel Müller, Stuttgart
Titelfoto: auremar (Shutterstock) / Scrabble: LituFalco (Fotolia LLC)
Illustrationen: Dinko Klaric, Vöhringen
Layout/Satz: digraf.pl - dtp services
Druck und Bindung: Print Consult GmbH, München

Printed in Czech Republic.
ISBN: 978-3-12- 561846-6

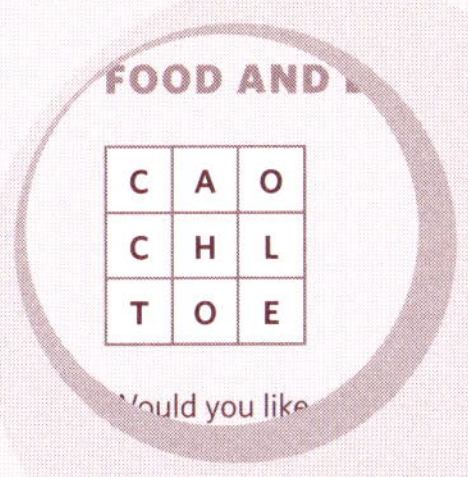

Anagramm mit Wortgitter

Bring die Buchstaben im Gitter in die richtige Reihenfolge und schon hast du die Lösung.

Anagramm „Spickzettel“

Was ist das denn? Bring die Buchstaben auf dem „Spickzettel“ in die richtige Reihenfolge und schon hast du die Lösung.

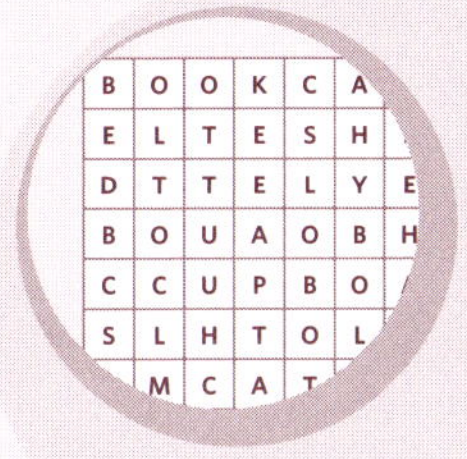

Buchstabengitter

Wo stecken die bloß? Finde im Buchstabengitter die versteckten Wörter zu einem bestimmten Thema. Sie können waagerecht, senkrecht, diagonal und auch rückwärts geschrieben sein.

Eines passt nicht!

Finde das schwarze Schaf! Eines der Wörter in der Reihe passt logisch nicht zu den anderen.

Ausgesprochen anders!

Finde das Wort, dessen Aussprache nicht in die Reihe passt. Sprich dazu am besten jedes Wort **laut** auf Englisch aus!

Kreuzworträtsel

In English, please! Trage die englischen Übersetzungen der vorgegebenen deutschen Wörter in die Kästchen ein.

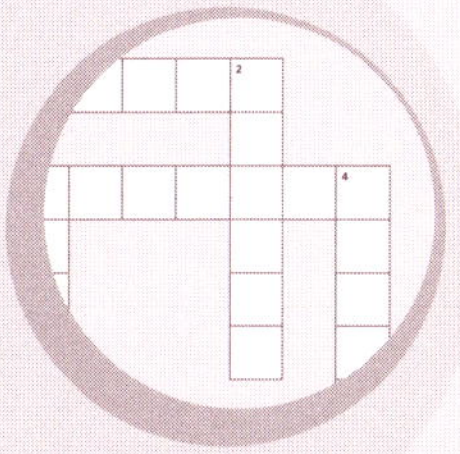

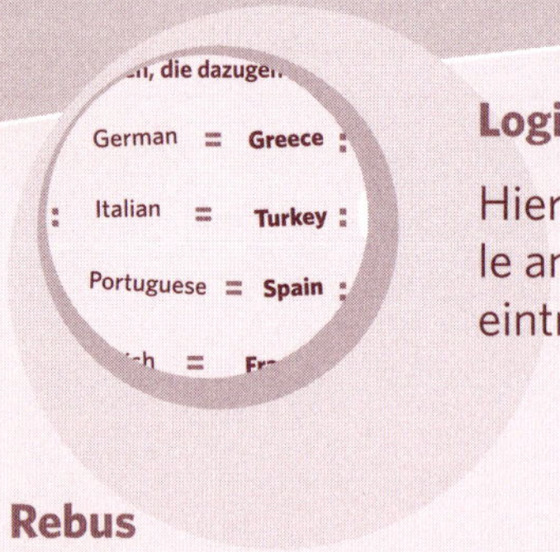

Logisch?

Hier musst du um die Ecke denken! Schau dir die Beispiele an und überlege, was du logischerweise in die Lücken eintragen musst.

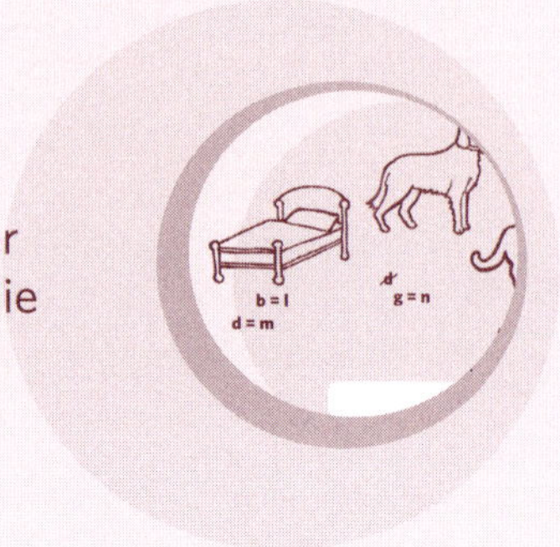

Rebus

Wie heißen die Abbildungen auf Englisch? Ersetze oder streiche die Buchstaben wie angegeben und fertig ist die Lösung.

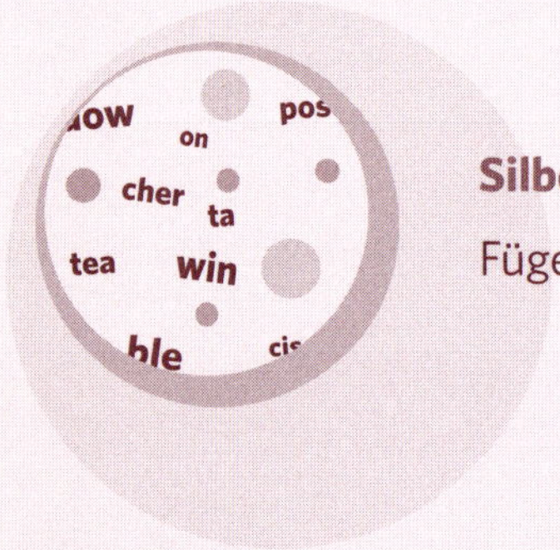

Silbenrätsel

Füge die Silben zu passenden Wörtern zusammen.

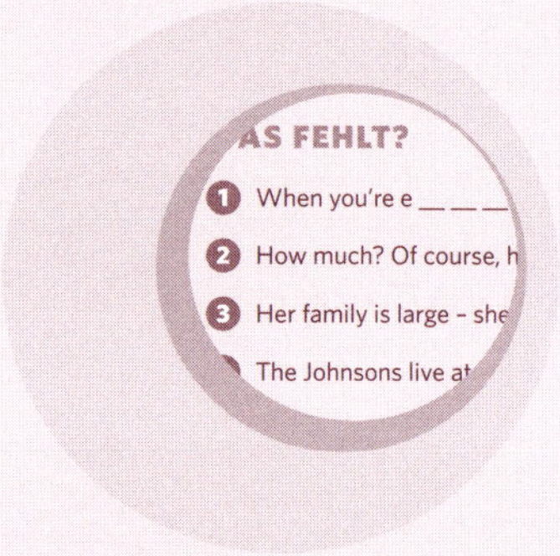

Was fehlt?

Vervollständige die fehlenden Wörter.

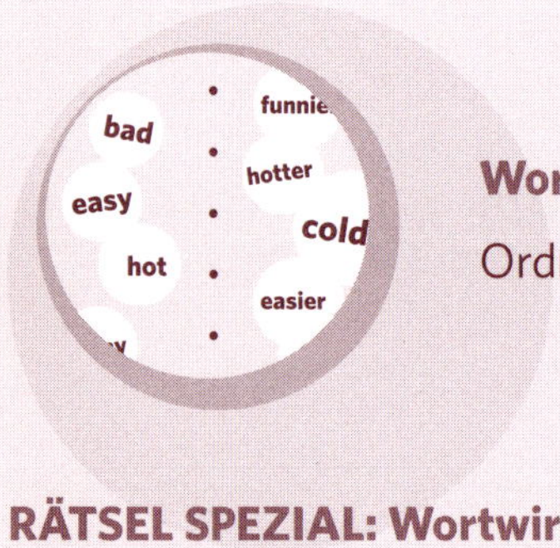

Wortpaare

Ordne die passenden Wörter und Bilder einander zu.

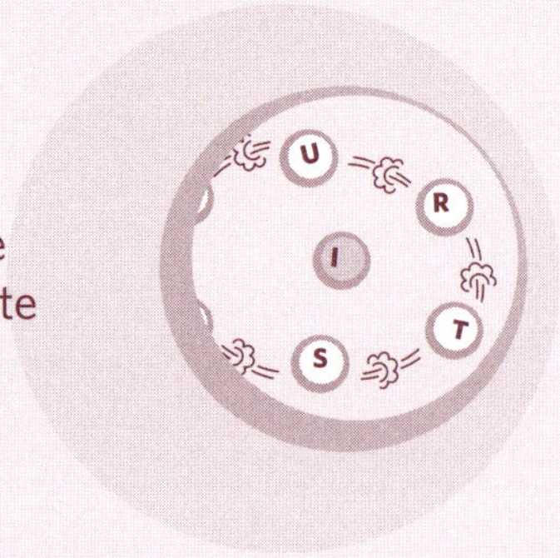

RÄTSEL SPEZIAL: Wortwirbel

Bilde möglichst viele Wörter aus den Buchstaben. Einzige Einschränkung dabei: der markierte Buchstabe in der Mitte muss in jedem Wort enthalten sein.

5

KLASSE 5

5

IM KLASSENZIMMER

Kannst du die Silben zu sechs Wörtern zusammensetzen?

dow on pos
cher ta
tea win
ble cise
er less
board cup ex
ter

1. window
2. teacup
3. poster
4. table
5.
6.

IM KLASSENZIMMER

1. *window*
2. *lesson*
3. *poster*
4. *teacher*
5. *table*
6. *exercise*

5

IN DER PAUSE

Kannst du die Wortknäuel entwirren?

1. 11:50 - look! It's almost lunchtime !

I T C H L U M E N

2. Do you want to go to the CAFETERIA ?

E A T C I E F A R

3. Where is John? He's in the playground .

U P L A N D G O R Y

IN MEINER SCHULTASCHE

Ordne den Bildern die richtigen Begriffe zu.

backpack

pencil

pen

calculator

ruler

paper

Lösungen

IN DER PAUSE

1. *lunchtime*
2. *cafeteria*
3. *playground*

IN MEINER SCHULTASCHE

 — *pen*

 — *paper*

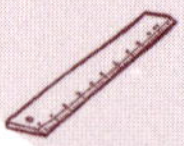 — *ruler*

 — *pencil*

 — *backpack*

 — *calculator*

Die Engländer sagen nicht nur **backpack** zu einem *Schulranzen*: Das deutsche Lehnwort **rucksack** wirst du schon mal hören sowie – unter etwas älteren Menschen – das alte Wort ***satchel***. Oft wird er nur **school bag** genannt – was aber nicht *Schultüte* heißt!

SÜSSES

C	A	O
C	H	L
T	O	E

Would you like a piece of Chocolate ?

REBUS

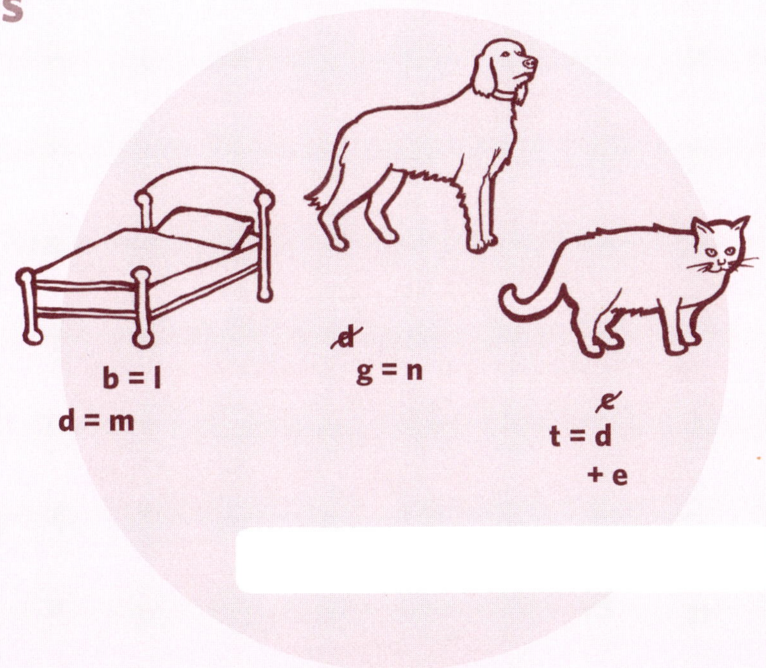

Lösungen

SÜSSES

chocolate

REBUS

lemonade

5

?

EINES PASST NICHT!

1	yellow	long	blue	red	green
2	do	shout	learn	house	talk
3	brother	friend	mother	father	sister
4	grandma	dad	mother	grandpa	grandad
5	garden	kitchen	bathroom	bedroom	living room
6	cat	dog	tiger	mouse	rabbit

EINES PASST NICHT!

1. *yellow ~~long~~ blue red green*
2. *do shout learn ~~house~~ talk*
3. *brother ~~friend~~ mother father sister*
4. *grandma dad ~~mother~~ grandpa grandad*
5. *~~garden~~ kitchen bathroom bedroom living room*
6. *cat dog ~~tiger~~ mouse rabbit*

Du wirst manchmal ***mum*** als ***mom*** geschrieben sehen: Dabei handelt es sich um die amerikanische Schreibweise. Bei *dad* gibt es in der Schreibweise keinen Unterschied. Außerdem sagt man auch ***ma*** und ***pa***.

5

NATIONALITÄTEN

Du kennst bestimmt alle diese Länder. Weißt du auch, wie die Nationalitäten heißen, die dazugehören?

1	Germany	:	German	=	**Greece**	:	
2	Italy	:	Italian	=	**Turkey**	:	
3	Portugal	:	Portuguese	=	**Spain**	:	
4	Poland	:	Polish	=	**France**	:	french
5	Russia	:	Russian	=	**Austria**	:	~~autriche~~ austrian

NATIONALITÄTEN

1. *Greek*
2. *Turkish*
3. *Spanish*
4. *French*
5. *Austrian*

5 ?

MÖBEL

Im Wortgitter sind acht Möbelstücke versteckt - senkrecht, waagerecht und diagonal. Wie schnell findest du sie?

B	O	O	K	C	A	S	E	C
E	L	T	E	S	H	E	L	F
D	T	T	E	L	Y	E	R	S
B	O	U	A	O	B	H	P	E
C	C	U	P	B	O	A	R	D
S	L	H	T	O	L	T	T	E
O	M	C	A	T	E	E	G	S
F	M	I	B	I	T	N	H	K
A	E	A	H	L	R	E	A	S

MÖBEL

B	O	O	K	C	A	S	E	C
E	L	T	E	S	H	E	L	F
D	T	T	E	L	Y	E	R	S
B	O	U	A	O	B	H	P	E
C	C	U	P	B	O	A	R	D
S	L	H	T	O	L	T	T	E
O	M	C	A	T	E	E	G	S
F	M	I	B	I	T	N	H	K
A	E	A	H	L	R	E	A	S

HOBBYS

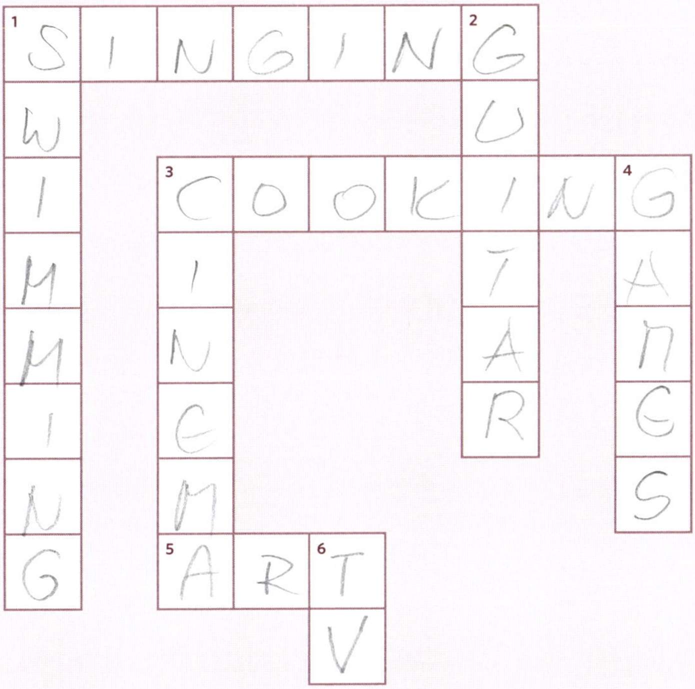

→

1. Das Singen
3. Das Kochen
5. Kunst

↓

1. Das Schwimmen
2. Gitarre
3. Kino
4. Spiele
6. Fernsehen

Lösungen

HOBBYS

1 S	I	N	G	I	N	2 G		
W						U		
I		3 C	O	O	K	I	N	4 G
M		I				T		A
M		N				A		M
I		E				R		E
N		M						S
G		5 A	R	6 T				
				V				

5 . . . . . ?

WIE ALT IST DEINE SCHWESTER?

N	E	N
W	E	Y
T	T	O

She turned _ _ _ _ _ _ - _ _ _ _ last week. 21

WELCHE ZAHL GEHÖRT IN DIE LÜCKE?

1. When you're e eighteen, you're an adult.
2. How much? Of course, here's th ~~irt~~ ty pence! thirty
3. Her family is large – she has e l e v e n cousins.
4. The Johnsons live at number t w e n t y - e i g h t.
5. He is at least s _ _ feet tall.
6. When I'm s e v e n t e e n, I'll take my driving test.

WIE ALT IST DEINE SCHWESTER?

twenty-one

WELCHE ZAHL GEHÖRT IN DIE LÜCKE?

1. *eighteen*
2. *thirty*
3. *eleven*
4. *twenty-eight*
5. *six*
6. *seventeen*

5

BEWEGUNGEN

Verbinde die englischen Wörter mit der richtigen Übersetzung.

fall over
werfen
walk
gehen
run
zurück gehen
laufen
springen
go back
jump
throw
hinfallen

HOBBYS

ing **horse** **foot** **bal** **ball** **ing** **draw** **gam** **bas** **let** **ball** **ing** **ket** **rid**

1 football
2 basketball
3 drawing
4 horseriding
5 gaming
6 ballet

BEWEGUNGEN

fall over	—	*hinfallen*
run	—	*laufen*
jump	—	*springen*
throw	—	*werfen*
walk	—	*gehen*
go back	—	*zurück gehen*

HOBBYS

1. *gaming*
2. *basketball*
3. *ballet*
4. *drawing*
5. *football*
6. *horseriding*

5 ?

ZAHLEN

1. four : fourth = **five** : fifth
2. seven : seventh = **eight** : eighth
3. twenty-one : twenty-first = **twenty-two** : twenty-second
4. twenty : twentieth = **thirty** : thirtieth
5. ten : tenth = **eleven** : eleventh

REBUS

hand

~~mb~~

u = ou

sand

c = s

t = n

+ d

ZAHLEN

1. *fifth*
2. *eighth*
3. *twenty-second*
4. *thirtieth*
5. *eleventh*

REBUS

thousand

5

EINES PASST NICHT!

1	speak	say	repeat	talk	read
2	loud	voice	quiet	deep	high
3	bicycle	bus	train	boat	car
4	road	railway	path	sky	street
5	cinema	park	home	church	museum
6	look sad	look in	look after	look for	look at

EINES PASST NICHT!

1. *speak say repeat talk ~~read~~*
2. *loud ~~voice~~ quiet deep high*
3. *~~bicycle~~ bus train boat car*
4. *road railway path ~~sky~~ street*
5. *cinema park ~~home~~ church museum*
6. *~~look sad~~ look in look after look for look at*

5 ● ● ● ● ● ?

SIGHTSEEING

Bringe die Buchstaben in die richtige Reihenfolge!

1. Which way is it to the casLE ?

S E C T L A

2. We're looking for the MUSEUM of Modern Art.

U S E M U M

3. Oh yes, I'd love to take a Habour boat tour!

H U B R O A R

AUSGESPROCHEN ANDERS!

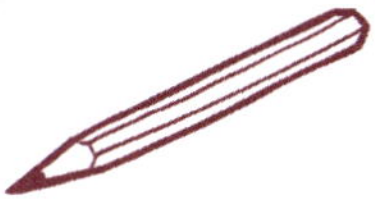

AUCH AUSGESPROCHEN ANDERS!

Lösungen

SIGHTSEEING

1. *castle*
2. *museum*
3. *harbour*

AUSGESPROCHEN ANDERS!

Das Wort **car** *passt nicht. Alle Wörter werden zwar mit dem Buchstaben* **c** *geschrieben, aber nur das* **c** *in* **car** *wird als* **k** *ausgesprochen. In allen anderen Fällen wird das* **c** *als* **s** *gesprochen.*

AUCH AUSGESPROCHEN ANDERS!

Das Wort **hat** *passt nicht, weil es als einziges mit* **[æ]** *ausgesprochen wird. Die anderen Wörter –* **train**, **lake** *und* **rain** *– werden zwar alle auch mit einem* **a** *geschrieben, dieses wird aber als* **[eɪ]** *ausgesprochen.*

HAPPY BIRTHDAY!

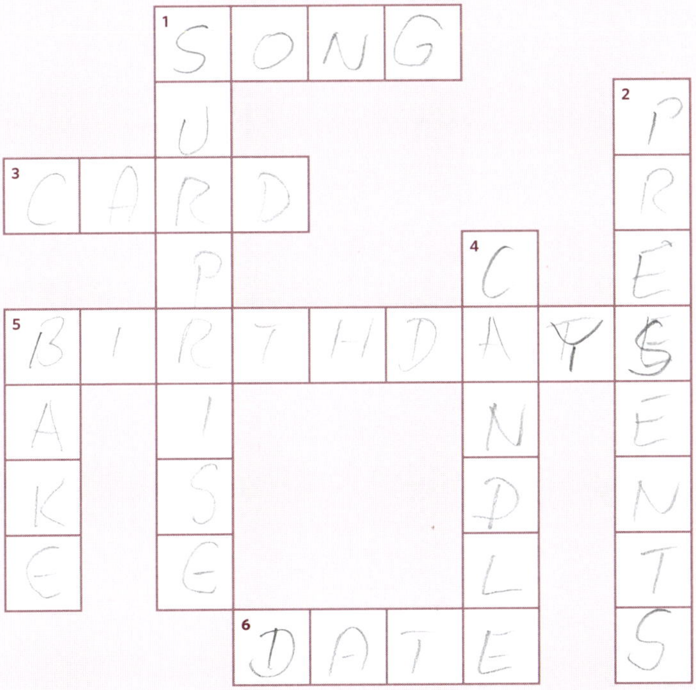

→

1 Lied
3 Karte
5 Geburtstage
6 Datum, Stichtag

↓

1 Überraschung
2 Geschenke
4 Kerze
5 backen

Lösungen

HAPPY BIRTHDAY!

		(1) S	O	N	G			
		U						(2) P
(3) C	A	R	D					R
		P				(4) C		E
(5) B	I	R	T	H	D	A	Y	S
A		I				N		E
K		S				D		N
E		E				L		T
			(6) D	A	T	E		S

Als Geburtstagslied wird nicht nur **Happy Birthday to you** gesungen, sondern auch **He's/She's a jolly good fellow**. Der Refrain **he/she's a jolly good fellow** wird dreimal gesungen und anschließend endet das Lied mit **and so say all of us**.

TAGE UND MONATE

Im Wortgitter sind acht Tage und Monate versteckt. Findest du alle?

S	A	T	U	R	D	A	Y	C
U	E	J	A	A	S	M	L	D
N	K	P	T	N	O	O	U	E
D	S	S	T	N	R	C	J	C
A	H	A	D	E	E	T	U	E
Y	A	A	N	Y	M	O	N	M
E	Y	N	A	E	E	B	E	B
W	R	M	C	R	R	E	E	E
F	E	B	R	U	A	R	Y	R

TAGE UND MONATE

S	A	T	U	R	D	A	Y	C
U	E	J	A	A	S	M	L	D
N	K	P	T	N	O	O	U	E
D	S	S	T	N	R	C	J	C
A	H	A	D	E	E	T	U	E
Y	A	A	N	Y	M	O	N	M
E	Y	N	A	E	E	B	E	B
W	R	M	C	R	R	E	E	E
F	E	B	R	U	A	R	Y	R

WORTWIRBEL

Wie viele verschiedene Wörter kannst Du finden?
Schreibe sie auf.

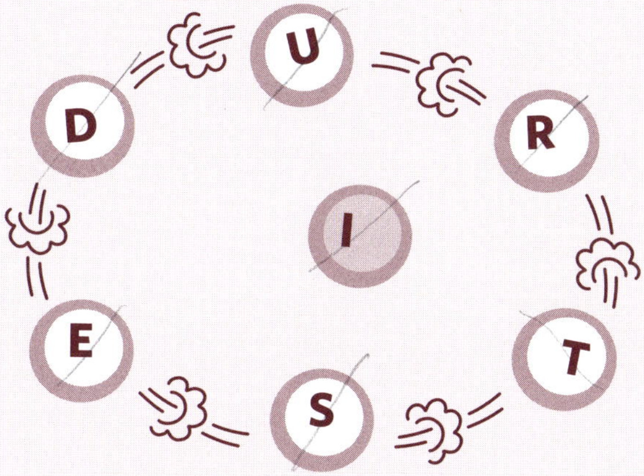

it, Dust IRE

Gibt es deine Wörter wirklich? Schau nach unter **www.pons.eu**!

WORTWIRBEL

Es gibt viele verschiedene Möglichkeiten.
Hier sind einige davon:

it - *es*
tie - *Krawatte, binden, knoten*
dust - *Staub*
ride - *reiten, fahren*
suit - *passen, Anzug*
tide - *Gezeiten*
tired - *müde*
tried - *versucht*
dustier - *staubiger*

IM URLAUB

1. I want to go down to the b _e_ _a_ _c_ _h_.
2. Littlehampton is a lovely s __ __ __ __ __ __ town.
3. That boy fell over into my s __ __ __ __ __ __ __ __ __ !
4. Hmm, i __ __   __ __ __ __ __ is great in hot weather.
5. Oh no! I don't have my s __ __ __ __ __ __ __ with me.
6. Aren't you going to send a p __ __ __ __ __ __ __ to your parents?

ANAGRAMM MIT WORTGITTER

V	E	A
T	E	R
D	U	N

I'm so bored. I'd like a bit more _a_ _d_ _v_ _e_ _n_ _t_ _u_ _r_ _e_ in the holidays!

IM URLAUB

1. *beach*
2. *seaside*
3. *sandcastle*
4. *ice cream*
5. *swimsuit*
6. *postcard*

ANAGRAM MIT WORTGITTER

adventure

5

WETTER

Wie war das Wetter?

1. It has been a very r a i n y summer this year.

   I N R A Y

2. The weather at the weekend was a m i x e d bag.

   E X M I D

3. What a storm! That _ _ _ _ _ _ _ is so loud!

   R E N D H U T

   thunder

TIERE

Hier verstecken sich 6 Tiere. Wie schnell findest du sie?

key tur ti li ger mon chi pen on cken guin key

1. lion
2. tiger
3. chicken
4. penguin
5. turkey
6. monkey

WETTER

1. *rainy*
2. *mixed*
3. *thunder*

TIERE

1. *monkey*
2. *turkey*
3. *tiger*
4. *lion*
5. *chicken*
6. *penguin*

ESSEN UND TRINKEN

- potato
- apple
- cheese
- eggs
- pear
- sugar

REBUS

~~tomate~~ tomate

tomate

meataur
rest

m = r
~~a~~
t = s

~~om~~
to = ur

~~bre~~
d = n
+ t

~~bred~~ nt

resta
~~meat~~

~~tomate~~
~~rest~~
~~meat~~

reslrnt

tomate bred

Lösungen

ESSEN UND TRINKEN

 — *eggs*

 — *potato*

 — *sugar*

 — *pear*

 — *apple*

 — *cheese*

REBUS

restaurant

EINES PASST NICHT!

1	sun	cloud	rain	snow	weather
2	hot	cold	cloudy	cool	warm
3	cow	pig	sheep	cat	bird
4	milk	grass	field	farm	town
5	sausage	roast pork	chicken	pork chop	bacon
6	jacket potato	toast	crisps	roast potato	chips

EINES PASST NICHT!

1. *sun cloud rain snow ~~weather~~*
2. *hot cold ~~cloudy~~ cool warm*
3. *cow pig sheep horse ~~bird~~*
4. *milk grass field farm ~~town~~*
5. *sausage roast pork ~~chicken~~ pork chop bacon*
6. *jacket potato ~~toast~~ crisps roast potato chips*

DATUM

1	the eighth of March	:	8th March	=	**eighteenth of April**	:	
2	03/05/1998	:	3rd May, 1998	=	**02/08/2002**	:	
3	the first of September	:	1st September	=	**the twenty-first of November**	:	
4	24th January	:	the twenty-fourth of January	=	**22nd August**	:	
5	07/06/1954	:	7th June, 1954	=	**03/07/1977**	:	
6	the fifteenth of February	:	15th February	=	**the twenty-second of December**	:	

AUSGESPROCHEN ANDERS!

AUCH AUSGESPROCHEN ANDERS!

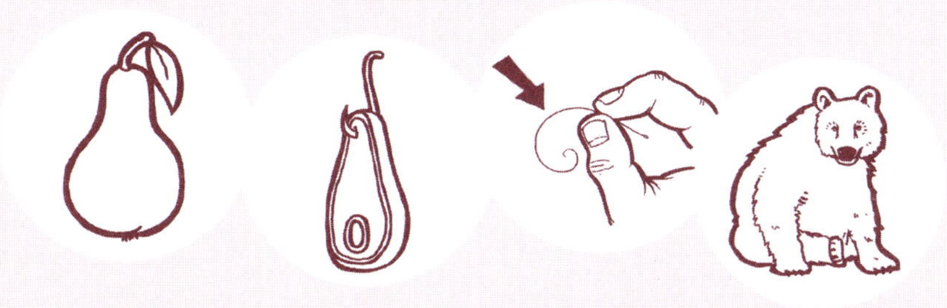

Lösungen

DATUM

1. *18th April*
2. *2nd August, 2002*
3. *21st November*
4. *the twenty-second of August*
5. *3rd July, 1977*
6. *22nd December*

Denk immer daran: im britischen Englisch wird beim Datum zwar immer ***the*** und *of* gesprochen, diese Wörtchen werden aber üblicherweise in geschriebenen Dokumenten nicht ausgeschrieben.

AUSGESPROCHEN ANDERS!

Das Wort **jacket** *passt nicht, weil es im Gegensatz zu* **cat**, **king** *und* **duck** *zweisilbig ist.*

AUCH AUSGESPROCHEN ANDERS!

Meat *passt nicht, weil die anderen Wörter –* **pear**, **hair** *und* **bear** *– alle mit* **[eə]** *ausgesprochen werden;* **meat** *spricht man mit* **[i:]** *aus.*

SIMPLE PAST

In diesem Wortgitter sind acht Verben in der Simple Past-Form versteckt. Findest Du alle? Achtung, nur zwei davon sind regelmäßig!

T	O	G	E	N	H	W	A	S
A	D	R	E	T	A	E	E	L
E	E	D	R	A	M	R	U	B
W	A	T	C	H	E	D	A	O
E	P	O	E	N	D	N	C	U
N	I	O	R	I	Q	U	H	G
T	T	K	A	A	Q	O	E	H
E	A	S	N	T	E	F	E	T
L	I	S	T	E	N	E	D	N

Lösungen

SIMPLE PAST

T	O	G	E	N	H	W	A	S
A	D	R	E	T	A	E	E	L
E	E	D	R	A	M	R	U	B
W	A	T	C	H	E	D	A	O
E	P	O	E	N	D	N	C	U
N	I	O	R	I	Q	U	H	G
T	T	K	A	A	Q	O	E	H
E	A	S	N	T	E	F	E	T
L	I	S	T	E	N	E	D	N

IN DER BÜCHEREI

→

1. Leserausweis
4. Internet
6. Computer
8. Bibliothek

↓

2. Wörterbuch
3. Seite
5. Titel
7. lesen

Lösungen

IN DER BÜCHEREI

1 C	A	R	2 D				3 P		
			I				A		
			C				G		
	4 I	N	T	E	R	N	E	T	
			I						
5 T		6 C	O	M	P	U	T	E	7 R
I			N						E
T			A						A
8 L	I	B	R	A	R	Y			D
E			Y						

WORTWIRBEL

Wie viele verschiedende Wörter schaffst du aus den Buchstaben zu bilden?

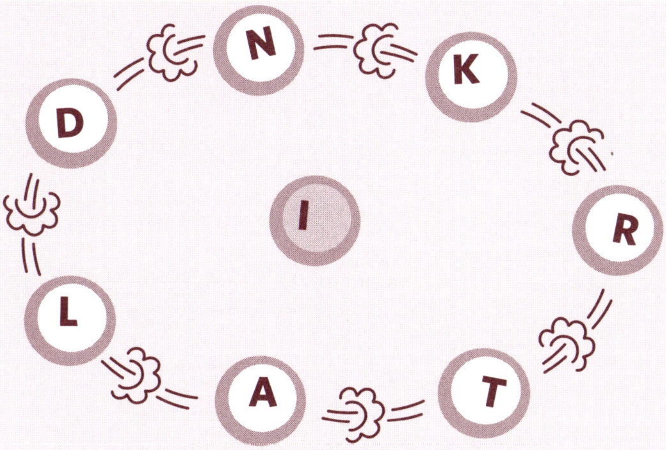

in,

Gibt es deine Wörter wirklich? Schau nach unter **www.pons.eu**!

WORTWIRBEL

Es gibt viele verschiedene Möglichkeiten.
Hier sind einige davon.

in - *in*
ink - *Tinte*
drink - *Getränk, trinken*
kind - *nett, Art*
link - *Verbindung*
nail - *Nagel*
rink - *Bahn (ice rink, skating rink)*
trail - *Pfad*
tail - *Schwanz*

6

KLASSE 6

6

SCHULFÄCHER

Findest du heraus, welche Schulfächer sich hier versteckt haben?

1 _ _ _ _ _

T S H M A

2 _ _ _ _ _ _ _

S I O H T Y R

3 _ _ _ _ _ _ _

L I G N E H S

4 _ _ _ _ _ _ _ _ _

A G R Y G H P O E

5 _ _ _ _ _ _ _

O O G I Y B L

6 _ _ _ _ _

S C U I M

BEIM EINKAUFEN

I	A	T
N	S	S
A	S	T

How much is this t-shirt?

I can't see a price tag. Let's ask a shop _ _ _ _ _ _ _ _ _.

Lösungen

SCHULFÄCHER

1. *maths*
2. *history*
3. *English*
4. *geography*
5. *biology*
6. *music*

BEIM EINKAUFEN

assistant

6

HANDYS

Kannst du die Wörter entschlüssen?

1 Yes, he sent me a text _ _ _ _ _ _ _ yesterday.

E G S E A M S

2 Don't you have any _ _ _ _ _ _ left?

T I R E C D

3 My dad has a brand new _ _ _ _ _ _ _ _ _ _

S E N R T P H O A M

SCHNELLER, WEITER, HÖHER

Verbinde die Adjektive mit der richtigen Steigerungsform.

good	worse
cold	funnier
bad	hotter
easy	colder
hot	easier
funny	better

HANDYS

1. *message*
2. *credit*
3. *smart phone*

SCHNELLER, WEITER, HÖHER

good — *better*

cold — *colder*

bad — *worse*

easy — *easier*

hot — *hotter*

funny — *funnier*

Hast du gemerkt, dass man fast alle Adjektive, die auf **y** enden, mit **ier** steigert? Beispiele: **happy - happier, funny - funnier, silly - sillier**

SCHULFÄCHER

Auch hier haben sich Wörter zum Thema Schule versteckt.

ject ter sem form dor er reg cor as sub uni bly ri is lock

1 ______

2 ______

3 ______

4 ______

5 ______

6 ______

WO KAUFST DU EIN?

sheep

super

he = up

p = r

s

y = t

t = m

star

mar key t

SCHULFÄCHER

1. *assembly*
2. *register*
3. *uniform*
4. *locker*
5. *subject*
6. *corridor*

WO KAUFST DU EIN?

supermarket

Jobs, die es im Einzelhandel gibt, sind: **cashier**, **shelf stacker** und **store manager**.

Weißt du, wie man diese Tätigkeiten auf Deutsch nennen würde? Schau nach unter **www.pons.eu**.

6

EINES PASST NICHT!

1	trainers	shirt	jacket	training	trousers
2	socks	shoes	gloves	trainers	boots
3	super-market	library	phone shop	bookshop	stationers
4	baker	butcher	green-grocer	sweetshop	antiques dealer
5	knife	cup	plate	dish	bowl
6	fork	glass	spoon	knife	teaspoon

EINES PASST NICHT!

1. *trainers shirt jacket ~~training~~ trousers*
2. *socks shoes ~~gloves~~ trainers boots*
3. *supermarket ~~library~~ phone shop bookshop stationers*
4. *baker butcher greengrocer sweetshop ~~antiques dealer~~*
5. *~~knife~~ cup plate dish bowl*
6. *fork ~~glass~~ spoon knife teaspoon*

MEHR ALS EINS

1	glove	:	gloves	=	**scarf**	:	scarfes
2	cow	:	cows	=	**sheep**	:	sheep~~es~~
3	bowl	:	bowls	=	**fish**	:	fish~~es~~
4	journey	:	journeys	=	**lorry**	:	lorries
5	tree	:	trees	=	**leaf**	:	lea~~fs~~ves
6	house	:	houses	=	**roof**	:	roofs

AUSGESPROCHEN ANDERS!

AUCH AUSGESPROCHEN ANDERS!

MEHR ALS EINS

1. *scarves*
2. *sheep*
3. *fish*
4. *lorries*
5. *leaves*
6. *roofs*

AUSGESPROCHEN ANDERS!

Sheep *passt nicht in die Reihe, weil sein Plural im Gegensatz zu den anderen Wörtern nicht mit* **s** *am Ende des Wortes gebildet wird.*

AUCH AUSGESPROCHEN ANDERS!

Würde es sich um lediglich eine **mouse** *handeln, so würde sich das Wort wie die anderen Wörter mit* **ou** *schreiben. Da der Plural von* **mouse** *aber* **mice** *ist, fällt dieses Wort aus der Reihe.*

DIE WELT DER STARS

Im Wortgitter sind acht Wörter zum Thema Schauspielerei, Film und Mode versteckt. Findest du alle?

N	O	I	H	S	A	F	I	L	M
C	R	A	P	P	L	A	B	N	H
I	C	M	H	A	E	M	I	E	O
T	T	A	O	I	U	O	R	W	L
I	E	H	S	D	B	U	T	C	L
D	R	D	L	T	E	S	H	A	Y
U	N	L	E	A	I	L	D	M	W
A	C	T	O	R	X	N	A	E	O
A	N	O	E	W	G	R	G	R	O
S	T	A	G	E	R	E	E	A	D

Lösungen

DIE WELT DER STARS

N	O	I	H	S	A	F	I	L	M
C	R	A	P	P	L	A	B	N	H
I	C	M	H	A	E	M	I	E	O
T	T	A	O	I	U	O	R	W	L
I	E	H	S	D	B	U	T	C	L
D	R	D	L	T	E	S	H	A	Y
U	N	L	E	A	I	L	D	M	W
A	C	T	O	R	X	N	A	E	O
A	N	O	E	W	G	R	G	R	O
S	T	A	G	E	R	E	E	A	D

Promis heißen auf Englisch **celebrities**.
Weißt du wie das Dschungelcamp auf Englisch heißt?

I'm a celebrity, get me out of here.

WOHLTÄTIGE ZWECKE

R	I	T
A	S	H
E	I	C

Whenever I can, I try to give money to _ _ _ _ _ _ _ _ _ .

WIE FÜHLST DU DICH?

Verbinde die passenden englischen und deutschen Begriffe.

angry	**aufgeregt**
excited	**traurig**
happy	**erstaunt**
proud	**glücklich**
sad	**stolz**
surprised	**wütend**

WOHLTÄTIGE ZWECKE

charities

WIE FÜHLST DU DICH?

angry — wütend

excited — aufgeregt

happy — glücklich

proud — stolz

sad — traurig

surprised — erstaunt

6

ALLES SCHON PASSIERT

Hier sind die Buchstaben in die falsche Reihenfolge geraten. Kannst du die richtigen Vergangenheitsformen bilden?

1. I have never __ __ __ __ so happy in all my life!

   T F L E

2. Has she __ __ __ __ her mobile phone again?

   S T O L

3. The train has just __ __ __ __ the station.

   L T F E

4. Have you __ __ __ __ __ that word before?

   E A H D R

5. I have just __ __ __ __ back from the shops.

   E M C O

ALLES SCHON PASSIERT

1. *felt*
2. *lost*
3. *left*
4. *heard*
5. *come*

REBUS

r = v

se = ca

e = b

~~ro~~

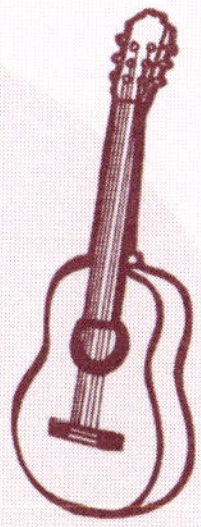

g = l

~~uit~~

+ y

DAS IST EIN NOTFALL!

Hier geht es um das Thema Krankenhaus. Kannst du die richtigen Silben zusammensetzen?

medi ty ci

doc dent

am ual

pi hos lance

tal ac tor

cas cine bu

1 ____________________

2 ____________________

3 ____________________

4 ____________________

5 ____________________

6 ____________________

Lösungen

REBUS

vocabulary

Ist dir aufgefallen, dass man aus dem Adjektiv **happy** das Nomen **happiness** bilden kann? Das gilt auch für einige andere, wie zum Beispiel **silly** – **silliness** oder **naughty** – **naughtiness**.

DAS IST EIN NOTFALL!

1. *medicine*
2. *doctor*
3. *ambulance*
4. *hospital*
5. *accident*
6. *casualty*

In Großbritannien ist die Notrufnummer 999. In den USA wählt man in Notfällen 911.

6

EINES PASST NICHT!

1	popular	mean	clever	polite	friendly
2	kind	gentle	friendly	nice	boring
3	taken	done	seen	ate	gone
4	fought	talked	called	gave	driven
5	finger	nose	eyes	ears	mouth
6	unwell	ill	broken	poorly	sick

Lösungen

EINES PASST NICHT!

1. *popular ~~mean~~ clever polite friendly*
2. *kind gentle friendly nice ~~boring~~*
3. *taken done seen ~~ate~~ gone*
4. *fought talked called ~~gave~~ driven*
5. *~~finger~~ nose eyes ears mouth*
6. *unwell ill ~~broken~~ poorly sick*

6

?

WO BIST DU ABGESTIEGEN?

1. It's very cheap to stay at a _ _ _ _ _ _ _ _ _ _ _ _ _ _.

thouy sohtle

2. **dbe & satfbeark**

We spent three nights at a _ _ _ & _ _ _ _ _ _ _ _ _.

3. All of the _ _ _ _ _ _ were fully booked!

sohelt

AUSGESPROCHEN ANDERS!

WAS FÄLLT AUS DER REIHE?

WO BIST DU ABGESTIEGEN?

1. *youth hostel*
2. *bed & breakfast*
3. *hotels*

EINES PASST NICHT!

Das Wort **dollar** *passt nicht, weil es mit* **[ɒ]** *ausgesprochen wird. Die anderen Wörter werden zwar auch mit* **o** *geschrieben, werden aber als* **[əʊ]** *gesprochen.*

WAS FÄLLT AUS DER REIHE?

Es geht um Silben: **plane**, **bus** *und* **train** *sind alle einsilbig;* **motorbike** *ist zweisilbig.*

AUF DEM SCHLACHTFELD

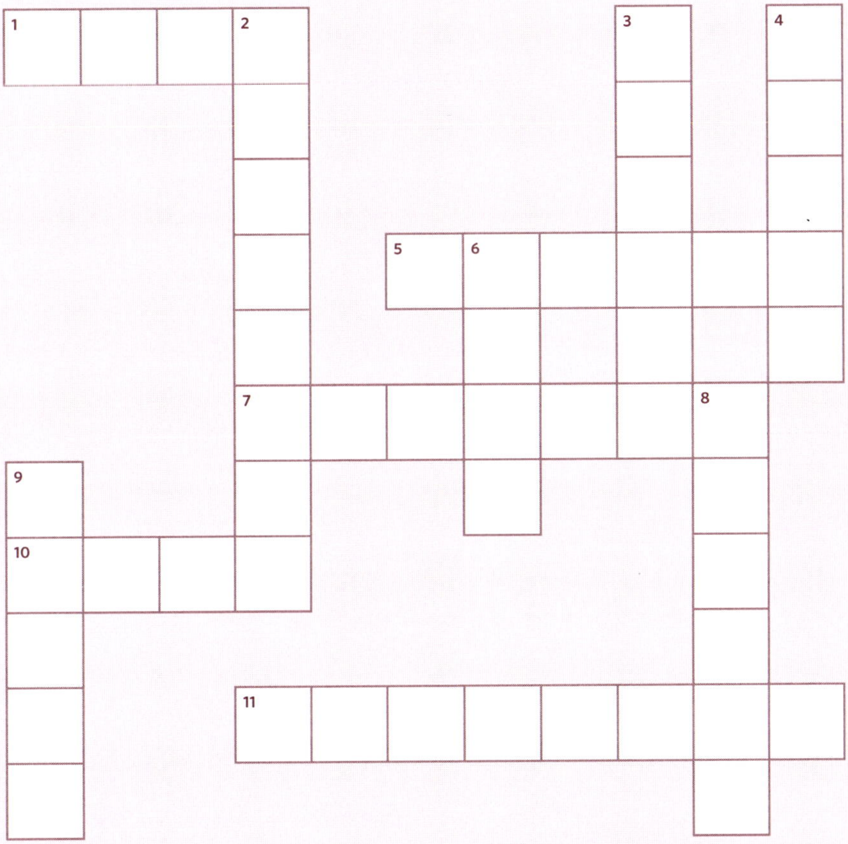

→

1 Waffen
5 Schlacht
7 Feinde
10 Kriege
11 Gefangener

↓

2 Soldaten
3 Ritterburg
4 Zwinger
6 Heer
8 Steine
9 Schwert

AUF DEM SCHLACHTFELD

1 G	U	N	2 S					3 C		4 T
			O					A		O
			L					S		W
			D		5 B	6 A	T	T	L	E
			I			R		L		R
			7 E	N	E	M	I	E	8 S	
9 S			R			Y			T	
10 W	A	R	S						O	
O									N	
R			11 P	R	I	S	O	N	E	R
D									S	

Auch im heutigen Großbritannien werden Menschen von der Königin mit einem Schwert zum **knight** *Ritter* geschlagen. Das heißt **to be knighted** beziehungsweise **to receive a knighthood** und diese Auserwählten heißen dann **knights**.

Achtung bei der Aussprache! Das **k** wird nicht gesprochen – genauso wie in **knife** oder **knee**!

ÜBER DEN WOLKEN

In diesem Wortgitter sind neun Wörter zu den Themen Flughafen und Fliegen versteckt - findest du sie?

D	C	P	A	S	S	P	O	R	T
C	E	B	F	F	O	E	K	A	T
H	E	P	L	A	N	E	A	I	E
E	R	R	A	U	H	H	I	R	R
C	R	O	P	R	R	E	A	P	M
K	W	R	C	S	T	U	H	O	I
I	N	Y	A	A	N	U	R	R	N
N	C	G	G	E	D	T	R	T	A
A	N	B	A	G	G	A	G	E	L
S	T	A	R	R	I	V	A	L	S

ÜBER DEN WOLKEN

D	C	P	A	S	S	P	O	R	T
C	E	B	F	F	O	E	K	A	T
H	E	P	L	A	N	E	A	I	E
E	R	R	A	U	H	H	I	R	R
C	R	O	P	R	R	E	A	P	M
K	W	R	C	S	T	U	H	O	I
I	N	Y	A	A	N	U	R	R	N
N	C	G	G	E	D	T	R	T	A
A	N	B	A	G	G	A	G	E	L
S	T	A	R	R	I	V	A	L	S

WORTWIRBEL

Wie viele Wörter kannst du aus den Buchstaben bilden?

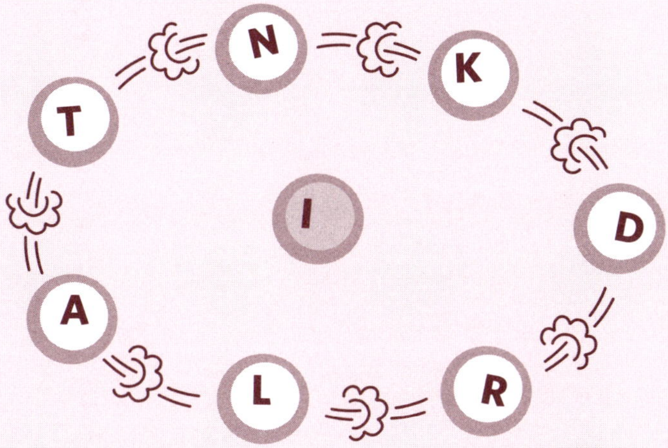

in, kind ink link

Gibt es deine Wörter wirklich? Schau nach unter **www.pons.eu**!

WORTWIRBEL

Es gibt viele verschiedene Möglichkeiten.
Hier sind einige davon:

in – *in*
ink – *Tinte*
kind – *nett; Art*
link – *Verbindung*
nail – *Nagel*
rail – *Schiene*
rind – *Rinde, Schale*
rink – *Bahn*
tail – *Schwanz*
trail – *Pfad*

LÜCKENFÜLLER

Kannst du die Buchstaben entwirren und die richtigen Verben einsetzen?

1. We _ _ _ _ to England for the summer holidays.

   T N E W

2. He _ _ _ _ _ _ a gift for his host family.

   T G H B U O

3. How much did you _ _ _ for it? I _ _ _ _ £10.

   Y P A D I P A

4. I _ _ _ _ a lot of good friends in England.

   E M D A

5. We _ _ _ _ some big roller coasters at the theme park.

   O R E D

ANAGRAMM

A	N	C
E	N	O
D	N	U

Hurry up David, they _ _ _ _ _ _ _ _ _ your flight ten minutes ago!

LÜCKENFÜLLER

1. *went*
2. *bought*
3. *pay, paid*
4. *made*
5. *rode*

ANAGRAMM

announced

UMWELTSCHUTZ

bish ron pack vi cy tic

cling ag re post com

ing plas rub en ment

1. Darin sind Dinge verpackt. ____________________
2. Das sollte man mit seinem Müll machen. ____________________
3. Das ist gleichzeitig ein guter Dünger für die Erde. ____________________
4. Dieses Material hält sich jahrelang. ____________________
5. Das gehört in die Mülltonne! ____________________
6. Die gilt es zu schützen. ____________________

UMWELTSCHUTZ

1. *packaging*
2. *recycling*
3. *compost*
4. *plastic*
5. *rubbish*
6. *environment*

KLEIDUNG

Verbinde die Bildern mit den passenden Begriffen.

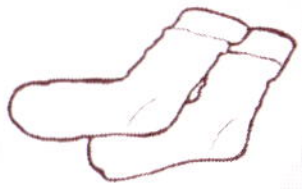

- boot
- jacket
- belt
- socks
- trousers
- glasses

REBUS

b

n = s

uc = er

k

do = we

ll

bus
n

er
duck

dollar
we ar

KLEIDUNG

 — *socks*

 — *trousers*

 — *jacket*

 — *boot*

 — *glasses*

 — *belt*

Hast du die zwei Wörter bemerkt, die im Englischen im Plural verwendet werden, deren deutsche Übersetzung allerdings im Singular ist? **Trousers** – *Hose*, **glasses** – *Brille*. Dasselbe gilt für Unterwäsche: **underpants** – *Unterhose*. Im Englischen benutzt man bei diesem Wörtern nur den Plural.

REBUS

underwear

EINES PASST NICHT!

1	better	worse	poorer	sadder	sicker
2	engaging	boring	fascinating	interesting	exciting
3	geography	history	maths	exams	science
4	social	religion	political	economic	financial
5	Roman	Saxon	Celtic	American	Viking
6	castle	bomb	knight	sword	shield

Lösungen

EINES PASST NICHT!

1 ~~better~~ worse poorer sadder sicker

2 engaging ~~boring~~ fascinating interesting exciting

3 geography history maths ~~exams~~ science

4 social ~~religion~~ political economic financial

5 Roman Saxon Celtic ~~American~~ Viking

6 castle ~~bomb~~ knight sword shield

LOGISCH?

1	happy	:	happiest	=	**interesting**	:	more
2	cheaper	:	cheapest	=	**more expensive**	:	most exp.
3	easier	:	easiest	=	**more difficult**	:	most difficult
4	thick	:	thickest	=	**thin**	:	thinnest
5	more important	:	most important	=	**more pressing**	:	most
6	simple	:	simplest	=	**straight-forward**	:	most

AUSGESPROCHEN ANDERS!

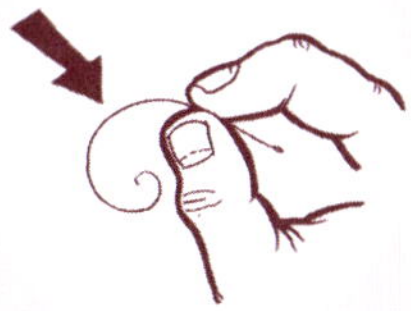

AUCH AUSGESPROCHEN ANDERS!

LOGISCH?

1. *most interesting*
2. *most expensive*
3. *most difficult*
4. *thinnest*
5. *most pressing*
6. *most straightforward*

AUSGESPROCHEN ANDERS!

Das Wort **meat** *fällt aus der Reihe. Die anderen Wörter –* **pear**, **hair** *und* **bear** *–werden mit* **[eə]** *ausgesprochen.* **Meat** *spricht man mit* **[i:]** *aus.*

AUCH AUSGESPROCHEN ANDERS!

Alle vier Wörter beginnen zwar mit **s**, *aber nur* **sugar** *wird am Wortanfang mit* **sch** *ausgesprochen. Bei allen anderen Wörtern sprichst du ein* **s**.

CHARAKTEREIGENSCHAFTEN

Im Wortgitter sind zehn Wörter versteckt, mit denen man Menschen beschreiben kann. Wie schnell findest du sie?

D	N	I	C	E	H	T	O	H	E
F	O	P	W	G	N	P	U	V	N
R	P	O	P	U	L	M	I	D	G
I	T	L	I	S	H	Y	A	W	F
E	W	I	K	D	S	B	T	C	U
N	S	T	D	E	S	O	R	D	N
D	T	E	R	R	C	R	E	E	N
L	R	G	F	D	N	I	K	D	Y
Y	P	A	T	I	E	N	T	T	L
A	N	G	R	Y	E	G	O	O	D

Lösungen

CHARAKTEREIGENSCHAFTEN

D	N	I	C	E	H	T	O	H	E
F	O	P	W	G	N	P	U	V	N
R	P	O	P	U	L	M	I	D	G
I	T	L	I	S	H	Y	A	W	F
E	W	I	K	D	S	B	T	C	U
N	S	T	D	E	S	O	R	D	N
D	T	E	R	R	C	R	E	E	N
L	R	G	F	D	N	I	K	D	Y
Y	P	A	T	I	E	N	T	T	L
A	N	G	R	Y	E	G	O	O	D

Weißt du, wie das Gegenteil von **shy** *schüchtern* auf Englisch lautet? Einen *kontaktfreudigen* Menschen nennt man **outgoing**.

IM ZUG

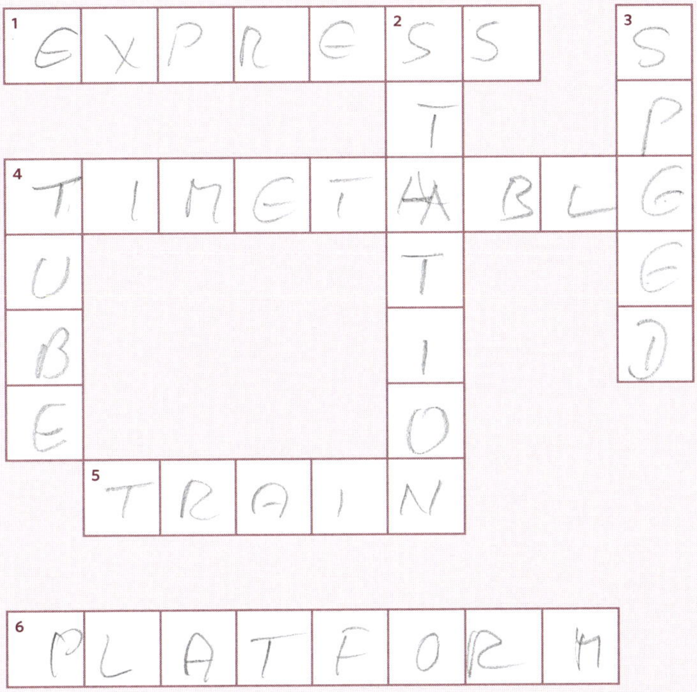

→

1. This is the non-stop **XSSERP** train to Birmingham.
4. When does the London train leave? Let's take a look at the **LEBATTMEI**.
5. This is the **NIART** to Aberdeen.
6. The 10:46 train to Edinburgh leaves from **PFTLAMRO** 7.

↓

2. Which **INOATTS** are we getting off at?
3. The Eurostar has a top **DEPES** of almost 200mph.
4. Londoners call the Underground the "**EUBT**".

Lösungen

IM ZUG

1 E	X	P	R	E	2 S	S		3 S
					T			P
4 T	I	M	E	T	A	B	L	E
U					T			E
B					I			D
E					O			
	5 T	R	A	I	N			

6 P	L	A	T	F	O	R	M

WORTWIRBEL

Wie viele Wörter kannst du aus den Buchstaben bilden?

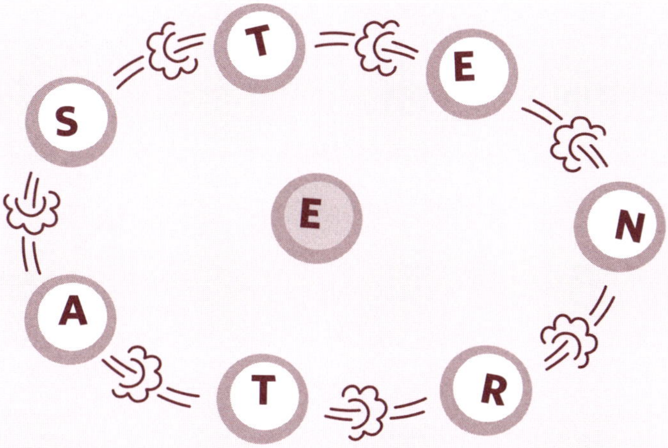

ear, ren ten eat near teen

sent taste rest net

Gibt es deine Wörter wirklich? Schau nach unter **www.pons.eu**!

WORTWIRBEL

Es gibt viele verschiedene Möglichkeiten.
Hier sind einige davon:

are – *sind*
eat – *essen*
net – *Netz*
ten – *Zehn*
near – *nah*
neat – *ordentlich*
rent – *Miete*
tear – *reißen, Träne*
teen – *Teenager*
tent – *Zelt*
stare – *starren*

7

KLASSE 7

7

BRITISCHE UND AMERIKANISCHE SPORTARTEN

Hier verstecken sich sechs Sportarten.

by · et · base · ley · net · ball · ball · ball · ball · ball · ket · crick · bas · vol · rug

1. baseball
2. crickethall ~~ball~~
3. volleyball
4. rugby
5. basket ball
6. ~~+~~ netball

BRITISCHE UND AMERIKANISCHE SPORTARTEN

Weißt du wie die Olympiade für Sportler mit Behinderung genannt wird? Dann kennst du schon die Lösung der ersten Aufgabe. Wie schnell kannst du die restlichen Lücken füllen?

1. The P _ _ _ _ _ _ _ _ _ _ is a sports event for athletes with disabilities.
2. Me? I've been b _ _ _ _ since birth.
3. My grandfather has gone d _ _ _ with old age.
4. The new buses offer good access for d _ _ _ _ _ _ _ passengers.
5. We're refitting the school building with r _ _ _ _ for wheelchair users.
6. Peter needs a w _ _ _ _ _ _ _ _ _ to get around.

BRITISCHE UND AMERIKANISCHE SPORTARTEN

1. *baseball*
2. *netball*
3. *cricket*
4. *basketball*
5. *volleyball*
6. *rugby*

BRITISCHE UND AMERIKANISCHE SPORTARTEN

1. *Paralympics*
2. *blind*
3. *deaf*
4. *disabled*
5. *ramps*
6. *wheelchair*

WAS KOMMT IM FERNSEHEN?

1. On which _ _ _ _ _ _ _ does this series come on?

   C L A N H E N

2. Really? That's my favourite _ _ _ _ _ _ _ _ _ too!

   G A M E R P R O M

3. There really are too many _ _ _ _ _ _ _ on TV nowadays.

   R A D V E T S

WIE HEISST DIESE FORM?

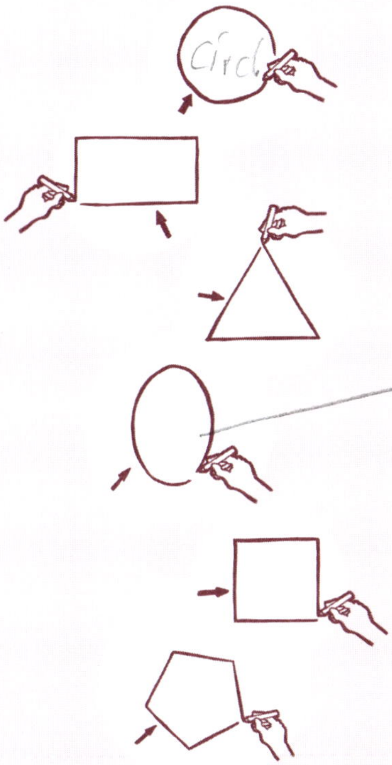

- pentagon
- square
- oval
- triangle
- rectangle
- circle

WAS KOMMT IM FERNSEHEN?

1. *channel*
2. *programme*
3. *adverts*

Briten und Amerikaner haben manchmal vollkommen unterschiedliche Wörter für vieles, was das Fernsehen betrifft. Zum Beispiel sagen die Briten zu *Werbung* **adverts**, die Amerikaner aber **commercials**. Eine *Sendung* bezeichnet man in Großbritannien als **programme**, in den USA als **show**. Und während die Briten zwischen **channels** zappen, wechseln die Amerikaner das **network**.

WIE HEISST DIESE FORM?

 — *circle*

 — *rectangle*

 — *triangle*

 — *oval*

 — *square*

 — *pentagon*

7

KRIMI UND MEHR ...

Im Wortgitter verstecken sich fünf Wörter zum Thema *Krimi*. Wie schnell findest du sie?

P	R	I	S	O	N	M	R	E	S
O	Y	A	M	U	O	Y	E	S	T
L	A	N	I	M	I	R	C	U	O
I	I	I	I	S	T	O	I	O	B
C	G	A	T	C	A	E	F	R	U
E	I	E	J	E	T	N	F	E	R
E	A	F	U	A	H	M	O	G	G
L	H	T	D	E	I	R	A	N	L
N	W	G	G	P	E	E	R	A	A
P	H	I	E	I	F	N	E	D	R

KUNST UND KULTUR

ting mu hi lery ex tion pain seum bi gal ist art

1 museum
2 painting
3 gallery
4 exhibition
5 artist

KRIMI UND MEHR

P	**R**	**I**	**S**	**O**	**N**	M	R	E	S
O	Y	A	M	U	O	Y	E	S	T
L	A	N	I	M	I	R	C	U	O
I	I	I	I	S	T	O	I	O	**B**
C	G	A	T	C	A	E	F	R	**U**
E	I	E	**J**	E	T	N	F	E	**R**
E	A	F	**U**	A	H	M	O	G	**G**
L	H	T	**D**	E	I	R	A	N	**L**
N	W	G	**G**	**P**	**E**	**E**	**R**	A	**A**
P	H	I	**E**	I	F	N	E	D	**R**

Die beliebtesten *Seifenopern* **soap operas** im britischen Fernsehen sind seit Jahren **Eastenders** aus London bei der BBC und **Coronation Street** aus Manchester bei ITV.

Auch sehr beliebt ist **Neighbours**, eine Serie aus Australien, die bereits seit über zwanzig Jahren vor allem unter Schulkindern beliebt ist, weil sie im Vorabendprogramm gleich nach Schulschluss läuft.

KUNST UND KULTUR

1. *museum*
2. *exhibition*
3. *painting*
4. *gallery*
5. *artist*

GESCHICHTE

C	R	T
N	I	I
V	O	A

The __ __ __ __ __ __ __ __ __ era was when Britain was at the height of its power. It's named after Queen Victoria.

REBUS

~~k~~ y = d
+ w

~~h~~ t = rd

he = i
rt = n

~~K~~ey hat hear~~t~~
ed w ~~H~~ard ian ✓

GESCHICHTE

Victorian

REBUS

Edwardian

Viele Abschnitte der britischen Geschichte werden nach den jeweiligen Throninhabern benannt.

Vor der viktorianischen und edwardianischen Ära gab es beispielsweise **the Elizabethan period**, benannt nach der damaligen Königin Elisabeth der I. In dieser Zeit schrieb auch Shakespeare viele seiner Stücke.

Nachdem im 18. und 19. Jahrhundert gleich vier herrschende Könige George hießen, heißt diese Ära **the Georgian period**. Da diese Könige übrigens aus Hannover stammten, spricht man auch von **the Hanoverian period**.

WIR KOCHEN GERNE!

Findest du alle neun Wörter in diesem Wortgitter, die mit dem Thema *Kochen und Essen* zu tun haben?

M	N	P	U	E	P	I	K	E	B
I	L	A	I	E	A	O	L	N	O
C	H	N	R	F	O	F	E	C	I
R	S	B	T	C	R	O	B	S	L
O	S	E	R	I	B	O	V	E	N
W	C	R	A	E	E	N	Z	A	M
A	N	G	K	T	K	F	D	E	A
V	E	G	E	T	A	R	I	A	N
E	E	U	O	Y	B	Y	Y	O	T
L	H	I	K	I	T	C	H	E	N

WIR KOCHEN GERNE!

M	N	**P**	U	E	P	I	**K**	E	**B**
I	L	**A**	I	E	A	**O**	L	N	**O**
C	H	**N**	R	F	**O**	F	E	C	**I**
R	S	B	T	**C**	R	O	B	S	**L**
O	S	**E**	R	I	B	**O**	**V**	**E**	**N**
W	C	R	**A**	E	E	N	Z	A	M
A	N	G	K	**T**	K	**F**	D	E	A
V	**E**	**G**	**E**	**T**	**A**	**R**	**I**	**A**	**N**
E	E	U	O	Y	B	**Y**	Y	O	T
L	H	I	**K**	**I**	**T**	**C**	**H**	**E**	**N**

Weißt du, wie man Menschen nennt, die keinerlei Tierprodukte essen? Auf Englisch sowie auf Deutsch: **vegan** – z. B.: **He and his wife are vegans.**

Schau andere Wörter, die du nicht kennst auf **www.pons.eu nach!**

SCHWER VERLIEBT

Kannst du all diese Wörter rund ums Thema *Liebe und Beziehungen* wieder in die richtige Reihenfolge bringen?

→

1. I'm so in ___LOVE___ **EVOL** with him. I'm going to go crazy.
3. Max has had a lot of ____________ **SIRNIREDGLF** for his age.
5. Are Jane and Phil still ____________ **EEORHGTT**, or did they split up?

↓

2. Mary has never had a ____________ **RNDEIFOBY**, you know.
4. Don't tell anybody. It's a ____________ . **TCSREE**
6. I'm so excited. We're going on a ___date___ **EADT** this afternoon!

SCHWER VERLIEBT

				[2] B						
			[1] L	O	V	E				
				Y			[4] S			
[3] G	I	R	L	F	R	I	E	N	[6] D	S
				R			C		A	
				I			R		T	
	[5] T	O	G	E	T	H	E	R	E	
				N			T			
				D						

AUF DEM LAND

L	C	S
D	A	A
E	N	P

The _ _ _ _ _ _ _ _ _ around here is just so beautiful!

Tipp: Im deutschen heißt das Wort LANDSCHAFT

WANN WAR DAS NOCHMAL?

Verbinde die englischen Begriffe mit der passenden deutschen Übersetzung.

long ago	bald
recently	eben gerade
soon	vor einiger Zeit
back then	damals
in a moment	neulich
a moment ago	gleich

AUF DEM LAND

landscape

WANN WAR DAS NOCHMAL?

long ago	—	*vor einiger Zeit*
recently	—	*neulich*
soon	—	*bald*
back then	—	*damals*
in a moment	—	*gleich*
a moment ago	—	*eben gerade*

Wenn man von der Zeit spricht, kann man oft **moment** gegen **second** eintauschen.

Dabei benutzt man das Wörtchen **just**, wenn man betonen möchte, dass etwas gleich passieren wird oder gerade dabei ist zu geschehen.

I'll do it in just a second oder **I'll do it in just a moment.**

But just a moment ago, you said ... oder **But just a second ago, you said ...**

EINES PASST NICHT!

1	skating	rowing	swimming	surfing	diving
2	ice hockey	ski jump	slalom	football	bobsleigh
3	athlete	scientist	teenager	teacher	secretary
4	commercial	channel	programme	remote	actor
5	traditional	unusual	odd	strange	weird
6	Latin	French	German	Belgian	Spanish

EINES PASST NICHT!

1. *~~skating~~ rowing swimming surfing diving*
2. *ice hockey ski jump slalom ~~football~~ bobsleigh*
3. *athlete scientist ~~teenager~~ teacher secretary*
4. *commercial channel programme remote ~~actor~~*
5. *~~traditional~~ unusual odd strange weird*
6. *Latin French German ~~Belgian~~ Spanish*

7

IN DER VERGANGENHEIT

Auf der linken Seite tummeln sich durcheinandergeratene Buchstaben. Du kannst daraus sicher die richtigen Vergangenheitsformen (simple past) bilden!

1. I run I ___________

   N A R

2. you smell you ___________

   L M E S T

3. he tells he ___________

   L O D T

4. she feels she ___________

   E F L T

5. we understand we ___________

   S D O O D U N R E T

6. they become they ___________

   E A B C E M

REBUS

~~c~~ ~~i~~ n = v ~~s~~

gg = rh ~~s~~

~~b~~ + d

IN DER VERGANGENHEIT

1. *ran*
2. *smelt*
3. *told*
4. *felt*
5. *understood*
6. *became*

REBUS

overheard

Ist dir aufgefallen, dass viele unregelmäßige englische Verben deutschen Verben ähneln, die ebenfalls unregelmäßig sind?

give, **gave**, **given** – *geben*, *gab*, *gegeben*

speak, **spoke**, **spoken** – *sprechen*, *sprach*, *gesprochen*

steal, **stole**, **stolen** – *stehlen*, *stahl*, *gestohlen*

Wie du siehst sind die Unregelmäßigkeiten nicht immer gleich, aber oft kann man durch einen Vergleich schon ahnen, dass ein Verb auf Englisch unregelmäßig sein könnte.

7 ?

EINES PASST NICHT!

1	moment	second	instant	bit	hour
2	now	then	recently	before	lately
3	called	read	talked	discussed	borrowed
4	rang	swam	found	drank	sang
5	awesome	superb	brilliant	wonderful	alright
6	extreme	terrible	awful	ghastly	appalling

EINES PASST NICHT!

1. *moment second instant bit ~~hour~~*
2. *~~now~~ then recently before lately*
3. *called ~~read~~ talked discussed borrowed*
4. *rang swam ~~found~~ drank sang*
5. *awesome superb brilliant wonderful ~~alright~~*
6. *~~extreme~~ terrible awful ghastly appalling*

WIE HAST DU DAS ERFAHREN?

Kannst du diese verwirrten Buchstaben zum Thema *Medien* wieder zusammenbringen?

1. I saw it on the _ _ _ _ _ _ _ _ _ _ last night.

   E L I T E S V I N O

2. I read it in the local _ _ _ _ _ _ _ _ _ last week.

   P E P E S W A R N

3. I found it somewhere on the _ _ _ _ _ _ _ _ .

   E N T E R T I N

AUSGESPROCHEN ANDERS!

AUCH AUSGESPROCHEN ANDERS!

WIE HAST DU DAS ERFAHREN?

1. *television*
2. *newspaper*
3. *internet*

AUSGESPROCHEN ANDERS!

Das Wort **clock** *passt nicht, weil die anderen drei Wörter –* **road**, **rose**, **snow** *– alle mit* **[əʊ]** *ausgesprochen werden, während* **clock** *mit* **[ɒ]** *ausgesprochen wird.*

AUCH AUSGESPROCHEN ANDERS!

Hier wird das **g** *unterschiedlich ausgesprochen! Bei* **eagle** *und* **sugar** *spricht man ein* **g** *wie in* Glas *oder* Hagel. *Das* **g** *in* **giraffe** *hört sich an wie der Anfangslaut im Wort* Dschungel **[ʤ]**.

7

FILM UND FERNSEHEN

Auch hier geht es wieder um Filme und Fernsehen. Kannst du die Wörter entwirren und in die richtigen Lücken füllen?

GSIITNVDEAR | RICME | RORHRO | PSAO OAREP | CEARLIITS | YODEMC

1. Policemen and murderers - you can watch them in _ _ _ _ _ films.
2. Some special effects are very _ _ _ _ _ _ _ _ _.
3. A series that you can watch every day: _ _ _ _   _ _ _ _ _.
4. A programme that makes you laugh: _ _ _ _ _ _.
5. I hate all this _ _   _ _ _ _ _ _ _ _ _ during reality TV programmes.
6. We were too scared to watch this _ _ _ _ _ _ film.

AUSGESPROCHEN ANDERS!

AUCH AUSGESPROCHEN ANDERS!

FILM UND FERNSEHEN

1. *Policemen and murderers - you can watch them in <u>crime</u> films.*
2. *Some special effects are very <u>realistic</u>.*
3. *A series that you can watch every day: <u>soap opera</u>.*
4. *A programme that makes you laugh: <u>comedy</u>.*
5. *I hate all this <u>advertising</u> during reality TV programmes.*
6. *We were too scared to watch this <u>horror</u> film.*

AUSGESPROCHEN ANDERS!

Alle vier Wörter beginnen zwar mit **p**, *aber* **photo** *passt nicht, weil es am Anfang mit* **f** *ausgesprochen wird. Alle anderen Wörter (***pen**, **pig**, **piano***) werden am Anfang mit* **p** *gesprochen.*

AUCH AUSGESPROCHEN ANDERS!

Das Wort **cow** *passt nicht. Das* **ow** *in* **cow** *hört sich so ähnlich an, wie das deutsche* **au**. *Bei allen anderen Wörtern hörst du ein* **[u:]** **gl<u>ue</u>**, **sh<u>oe</u>**, **n<u>ew</u>spaper**.

WORTWIRBEL

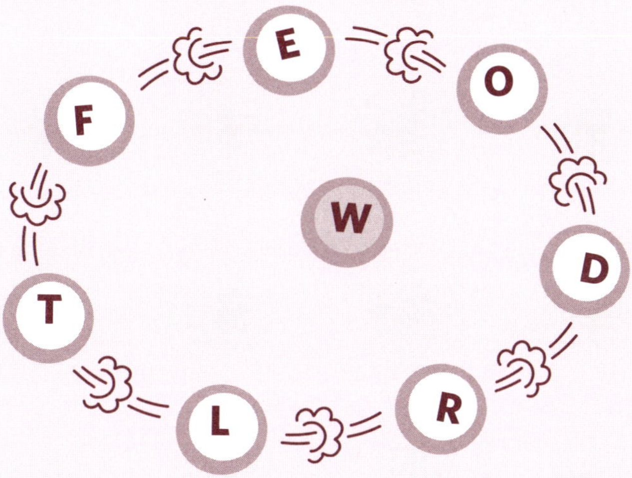

we,

Schau unter **www.pons.eu** nach, ob es die Wörter, die du gefunden hast auch wirklich gibt!

Und noch ein Tipp: beginne mit Wörtern, die nur ganz wenige Buchstaben haben und arbeite Dich dann vor.

WORTWIRBEL

Es gibt viele verschiedene Möglichkeiten.
Hier sind einige davon:

we – ***wir***
owl – ***Eule***
row – ***rudern; Reihe; Streit***
tow – ***hinter sich herschleppen, -ziehen***
flow – ***Fluss, Strom; fließen***
fowl – ***Geflügel***
word – ***Wort***
lower – ***niedriger; untere; senken***
towel – ***Handtuch***
tower – ***Turm***
world – ***Welt***
flower – ***Blume, blühen***

7

FALSCHE FREUNDE

Fülle die Lücken in den Sätzen. Aber Achtung: Im Kästchen unter dem Satz siehst du den false friend. Vielleicht hast Du spontan an dieses Wort gedacht? Es bedeutet im Englischen aber etwas ganz anderes. Schreibe die Übersetzung daneben. Setze dann im Satz das richtige Wort ein.

Weißt du nicht weiter? Dann schau auf www.pons.eu nach!

1. I need to call my mum. Could I use your ________________?
   HANDY = ________________

2. This year I got great ________________at school.
   NOTE = ________________

3. She bought herself a new camera. She's a brilliant ______________.
   PHOTOGRAPH = ________________

4. There's a short summary at the ________________ of the book.
   BACKSIDE = ________________

5. This winter we're looking after a ________________. It's sleeping in a box in the cellar.
   EAGLE = ________________

Sogenannte "Falsche Freunde" begegnen dir in vielen Sprachen. Dabei handelt es sich um Wörter, die Wörtern aus deiner Muttersprache sehr ähneln, aber eine ganz andere Bedeutung haben.

WATCH OUT FOR FALSE FRIENDS

1. *mobile (phone)* — *False friend: handy = praktisch*
2. *grades* oder *marks* — *False friend: note = Notiz; Note (Musik)*
3. *photographer* — *False friend: photograph = Foto*
4. *back* — *False friend: backside = Hinterteil*
5. *hedgehog* — *False friend: eagle = Adler*

7 ?

ACHTUNG UNFALL!

1. Quick, somebody call 999, it's an _ _ _ _ _ _ _ _ _!

N Y C E M E R G E

2. We need to put a _ _ _ _ _ _ _ on this straight away.

G A D B E A N

3. Stay calm! An _ _ _ _ _ _ _ _ _ is on the way right now.

C A B L E M A N U

WUNDER DER WISSENSCHAFT

pro flight lu lenge gen et chal evo gress ti ery ics dis space on cov

1. ______________________
2. ______________________
3. ______________________
4. ______________________
5. ______________________
6. ______________________

ACHTUNG UNFALL!

1. *emergency*
2. *bandage*
3. *ambulance*

WUNDER DER WISSENSCHAFT

1. *progress*
2. *genetics*
3. *challenge*
4. *evolution*
5. *discovery*
6. *spaceflight*

Weißt du, was der Unterschied zwischen **discovery** und **invention** ist?
Im Deutschen heißt ersteres ***Entdeckung***, letzteres eher ***Erfindung***.
Kein so großer Unterschied, könnte man denken. Aber keiner kann die Genetik „erfinden“ – man kann sie nur entdecken, weil sie schon immer da war.

DOING SPORTS

lungs	Atmung
sweat	Ausdauer
breathing	Lungen
heartbeat	Dehnübungen
stretching	Schweiß
endurance	Herzschlag

REBUS

~~kn~~
ig = at
ht = h

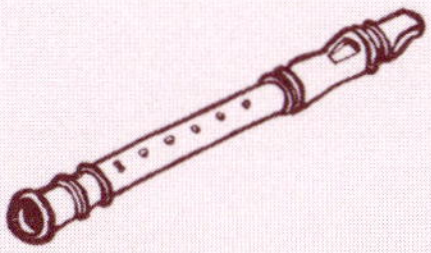

~~f~~
u = e
~~e~~

bu = ic

DOING SPORTS

lungs — Lungen

sweat — Schweiß

breathing — Atmung

heartbeat — Herzschlag

stretching — Dehnübungen

endurance — Ausdauer

REBUS

athletics

7

EINES PASST NICHT!

1	biology	economics	chemistry	mathema-tics	physics
2	art	history	literature	languages	science
3	owl	squirrel	sparrow	blackbird	pigeon
4	kangaroo	cow	buffalo	horse	sheep
5	surgeon	doctor	nurse	patient	ambulance driver
6	urgent	pressing	immediate	acute	emergency

EINES PASST NICHT!

1. *biology* ~~*economics*~~ *chemistry* *mathematics* *physics*
2. *art* *history* *literature* *languages* ~~*science*~~
3. *owl* ~~*squirrel*~~ *sparrow* *blackbird* *pigeon*
4. ~~*kangaroo*~~ *cow* *buffalo* *horse* *sheep*
5. *surgeon* *doctor* *nurse* ~~*patient*~~ *ambulance driver*
6. *urgent* *pressing* *immediate* *acute* ~~*emergency*~~

STÄDTE, STÄDTE, STÄDTE

B	U	O	N	E	N	T	O	F	R
L	I	V	E	R	P	O	O	L	E
I	S	R	D	K	N	M	A	T	T
T	C	A	M	R	O	O	R	B	S
J	S	B	S	I	D	D	A	N	E
H	G	R	U	B	N	I	D	E	H
D	E	L	E	I	O	G	C	H	C
A	R	I	S	E	L	L	H	G	N
C	A	R	D	I	F	F	N	A	A
W	O	G	S	A	L	G	R	I	M

Wie schnell findest du die acht britischen Städte im Wortgitter?

AUSGESPROCHEN ANDERS!

AUCH AUSGESPROCHEN ANDERS!

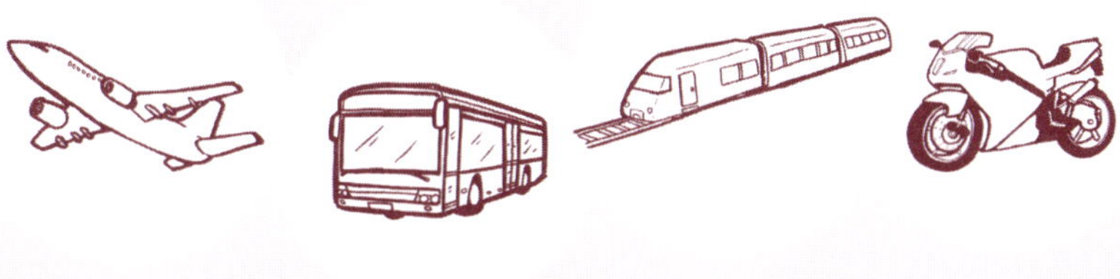

Lösungen

STÄDTE, STÄDTE, STÄDTE

B	U	O	N	E	N	T	O	F	R
L	I	V	E	R	P	O	O	L	E
I	S	R	D	K	N	M	A	T	T
T	C	A	M	R	O	O	R	B	S
J	S	B	S	I	D	D	A	N	E
H	G	R	U	B	N	I	D	E	H
D	E	L	E	I	O	G	C	H	C
A	R	I	S	E	L	L	H	G	N
C	A	R	D	I	F	F	N	A	A
W	O	G	S	A	L	G	R	I	M

Nicht vergessen! Es gibt einen großen Unterschied zwischen **England** und **United Kingdom**, dem *Vereinigten Königreich*.

England ist nur ein Land des **United Kingdom**, das aus **England**, **Scotland**, **Wales** und **Northern Ireland** besteht. Jedes dieser Länder hat seine eigene Hauptstadt, Edinburgh in Scotland, Cardiff in Wales oder Belfast in Northern Ireland.

London ist die Hauptstadt von England und vom gesamten Vereinigten Königreich.

AUSGESPROCHEN ANDERS!

Obwohl alle Wörter mit **ow** *geschrieben werden, passt das Wort* **cow** *nicht, weil es mit* **[aʊ]** *, alle anderen aber mit* **[ɒ]** *ausgesprochen werden.*

AUCH AUSGESPROCHEN ANDERS!

Plane, **bus**, **train** *sind einsilbige Wörter,* **motorbike** *dafür ein zweisilbiges.*

7

DER WILDE WESTEN

I saw this brilliant Western yesterday on television. It was set in (3) __________ and was about a herd of (4) __________ that was stolen by a tribe of (10) __________. The (8) __________ of the nearest town thought that some (1) __________ had done it though, so he tried to arrest them. He chased them onto the (7) __________, and then there was a big (5) __________ - (9) __________. The (6) __________ of one of the cowboys falls out of its (11) __________ holster and he gets shot... but I won't spoil the ending for you! The film's called "(2) __________ in dishonorable times" - try and find it!

Lösungen

DER WILDE WESTEN

	1 C						2 H				
3 C	O	L	O	R	A	D	O				
	W						N				
	4 B	U	F	F	A	L	O				5 S
	O						R		6 R		H
	Y			7 P					E		O
	8 S	H	E	R	I	F	F		V		O
				A					9 O	U	T
	10 I	N	D	I	A	N	S		L		
				R					V		
				I					E		
			11 L	E	A	T	H	E	R		

Die amerikanische Schreibweise ist teilweise anders als die britische! Hier einige Beispiele:

US	UK
honor, color	**honour, colour**
criticize	**criticise, criticize**
realize	**realise, realize**
center, theater	**centre, theatre**

WORTWIRBEL

Wie viele Wörter kannst du aus den vorgegebenen Buchstaben bilden?

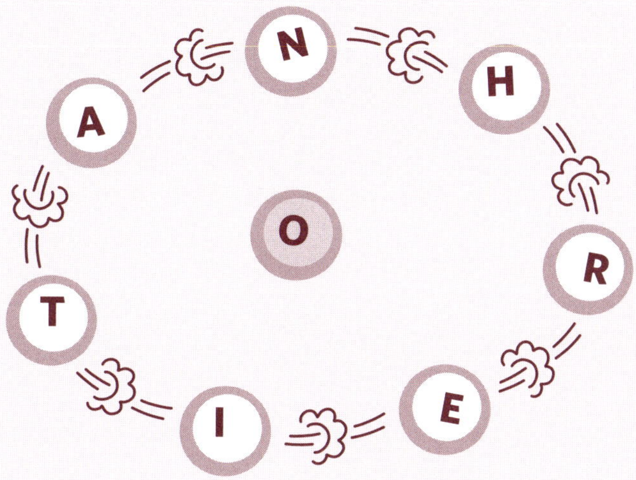

no,

Schau unter **www.pons.eu** nach, ob es die Wörter, die du gefunden hast auch wirklich gibt!

WORTWIRBEL

Es gibt viele verschiedene Möglichkeiten.
Hier sind einige davon:

no – *nein, kein*
on – *an; auf*
to – *nach; zu*
one – *ein*
roe – *Rogen*
hoar– *Raureif*
hone – *verfeinern*
iron – *Eisen*
note – *Notiz; notieren*
rota – *Liste; Plan*
tone – *Ton*
rhino – *Nashorn*
Orient – *Orient*
ornate – *verziert, prunkvoll*
another – *noch einer; einander*

7

VON A NACH B

1. I prefer __ __ __ __ __ __ __ __ __ __by train if I have the time.

   L I N T G R A V E L

2. There is so much traffic on the __ __ __ __ __ __ __ __ __ nowadays.

   S O Y T O M W A R

3. We can probably take all of it in two __ __ __ __ __ __ __ __.

   R U N E S J O Y

WORTARTEN

1. An a __ __ __ __ t __ __ e describes what a given noun is like.
2. N __ __ n __ are words for things, people, places.
3. You need to learn the past tense of irregular v __ __ b __ off by heart.
4. A __ __ __ __ b __ are used for describing the action of verbs.
5. There are two forms of s __ __ __ __ h in language – direct and indirect.
6. Verbs which are carried out by the subjects themselves are r __ __ __ __ x __ __ __.

Lösungen

VON A NACH B

1. *travelling*
2. *motorways*
3. *journeys*

WORTARTEN

1. *adjective*
2. *nouns*
3. *verbs*
4. *adverbs*
5. *speech*
6. *reflexive*

8

KLASSE 8

8

8

?

NEW YORK, NEW YORK!

1. What were your first i _ _ _ _ _ _ _ i _ _ _ of New York?
2. She was amazed by all of the tall s _ _ s _ _ _ _ _ _ _ s in Manhattan.
3. The New York s _ _ _ _ _ system has got to be one of the world's biggest.
4. Brooklyn has got some really multicultural _ _ _ _ _ _ _ o _ _ _ o o _ _ .
5. Queens may well be New York's greenest _ o _ o _ _ _ .
6. If you ask me, New York is just the most a _ a _ _ _ _ place on the planet!

GRAMMATISCHE BEGRIFFE

lo gram tion sive dia quial lect cy en flu pro nun cia mar gres col pro

1. ______________________
2. ______________________
3. ______________________
4. ______________________
5. ______________________
6. ______________________

NEW YORK, NEW YORK!

1. *impressions*
2. *skyscrapers*
3. *subway*
4. *neighbourhoods*
5. *borough*
6. *amazing*

GRAMMATISCHE BEGRIFFE

1. *grammar*
2. *dialect*
3. *fluency*
4. *pronunciation*
5. *colloquial*
6. *progressive*

SCHULE

Verbinde die passenden amerikanischen und britischen Begriffe.

elementary
high
college
class
graduation
grade

year
university
secondary
leaving
lesson
primary

GUT GEPLANT

E	G	O
D	R	I
S	N	A

Everyone was on time, everything went fine: It was a very well
_ _ _ _ _ _ _ _ _ excursion.

SCHULE

elementary	—	*primary*
high	—	*secondary*
college	—	*university*
class	—	*lesson*
graduation	—	*leaving*
grade	—	*year*

Im britischen Schulsystem wird die Laufbahn in Jahrgängen - also **years** - gezählt: Ab **year 7** wechselt man an die **secondary school**, im **year 11** hat man Prüfungen.

In den USA spricht man von **grades**. Das heißt, man ist im **seventh** oder **eleventh grade**. Aber Achtung! **Grade** kann auch *Note* heißen (**to get good grades**). Briten nennen diese **marks**.

GUT GEPLANT

organised

EINES PASST NICHT!

1	grade	pupil	job	mark	class
2	elementary	secondary	high	low	primary
3	borough	nation	county	district	state
4	Kings	Bronx	Manhattan	Queens	Brooklyn
5	subway	tube	under-ground	train	bus
6	bus	ferry	train	car	subway

EINES PASST NICHT!

1. *grade pupil ~~job~~ mark class*
2. *elementary secondary high ~~low~~ primary*
3. *borough ~~nation~~ county district state*
4. *~~Kings~~ Bronx Manhattan Queens Brooklyn*
5. *subway tube underground train ~~bus~~*
6. *bus ferry train ~~car~~ subway*

LOGISCH?

1	to select	:	selection	=	**to choose**	:	
2	to speak	:	speech	=	**to pronounce**	:	
3	pressed	:	pressure	=	**impressed**	:	
4	to expect	:	expectation	=	**to respect**	:	
5	stable	:	stability	=	**unable**	:	
6	happiness	:	unhappy	=	**comfort**	:	

AUSGESPROCHEN ANDERS!

AUCH AUSGESPROCHEN ANDERS!

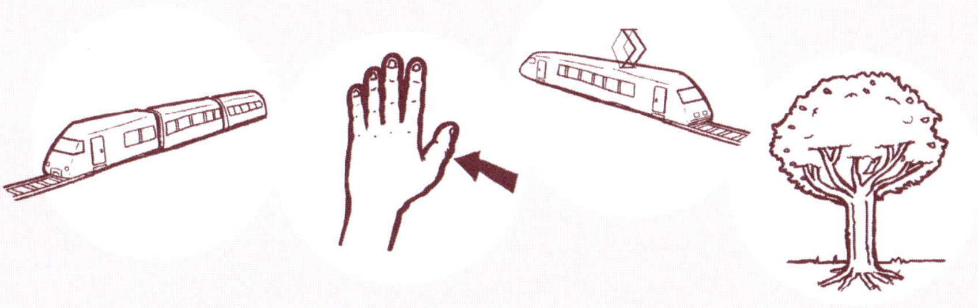

LOGISCH?

1. *choice*
2. *pronunciation*
3. *impression*
4. *respect*
5. *inability*
6. *uncomfortable*

AUSGESPROCHEN ANDERS!

Von diesen Wörtern passt **drums** *nicht, weil es einsilbig ist. Alle anderen Wörter haben zwei Silben.*

AUCH AUSGESPROCHEN ANDERS!

Thumb *passt nicht, weil alle anderen Wörter mit* **tr** *beginnen.*

GELD UND WÄHRUNGEN

B	A	N	K	N	O	T	E
I	F	T	A	P	R	O	P
L	R	A	T	E	O	N	C
L	A	E	O	E	U	R	O
E	L	H	I	M	W	I	I
C	L	I	C	I	G	A	N
P	O	U	N	D	E	V	S
S	D	I	P	P	T	A	R

Im Wortgitter sind acht Wörter rund ums Geld versteckt!

GELD UND WÄHRUNGEN

B	A	N	K	N	O	T	E
I	F	T	A	P	R	O	P
L	R	A	T	E	O	N	C
L	A	E	O	E	U	R	O
E	L	H	I	M	W	I	I
C	L	I	C	I	G	A	N
P	O	U	N	D	E	V	S
S	D	I	P	P	T	A	R

Im Amerikanischen haben manche Münzen eigene Namen. Vielleicht kennst du schon einige?

penny – one cent

nickel – five cents

dime – ten cents

quarter – twenty-five cents

KULTUR!

→

1 Skulptur
3 Museum
7 Konzert
9 Künstler
10 Malerei/ Gemälde

↓

1 Bildhauer
2 Orchester
4 Ausstellung
5 Musik
6 Galerien
8 Flügel

DAS IST GUT!

V	A	N
E	A	D
T	A	G

The _ _ _ _ _ _ _ _ _ is that we can earn some cash while we're doing it.

Lösungen

KULTUR!

	1 S	C	U	L	P	T	U	R	E		2 O
	C										R
3 M	U	S	4 E	U	5 M				6 G		C
	L		X		U				A		H
	P		H		S				L		E
	T		I		I				L		S
	O		B		7 C	O	N	C	E	R	T
	R		I						R		R
			T				8 W		I		A
9 A	R	T	I	S	T		I		E		
			O				N		S		
10 P	A	I	N	T	I	N	G				

DAS IST GUT!

advantage

• • • 8 • • ?

BIST DU IMMER NOCH IM BAD?

1. That boy spends so much time in the s _ _ _ _ _ !
2. I really enjoy h _ _ _ _ _ a hot bath after a game of football.
3. Can you put the t _ _ _ _ _ in the wash for me, please?
4. Watch out! The hot water t _ _ is very hot indeed.
5. Oh no! I forgot to bring my s _ _ _ _ _ _ with me.
6. My dad taught me how to s _ _ _ _ last week.

FÜLLE DIE LÜCKEN!

1. He is so _ r _ _ _ about playing on the football team.

   U R P D O

2. She really _ _ j _ _ _ riding her new bike.

   J O N E S Y

3. You'd better get _ _ e _ to working harder in my lessons!

   D S E U

4. For pity's sake, why do we _ _ e _ getting all this junk mail?

   E E P K

5. I really _ _ e _ like a burger – what about you?

   L E F E

6. They always t _ _ _ _ _ _ about going on a cruise.

   K A T L D E

BIST DU IMMER NOCH IM BAD?

1. *shower*
2. *having*
3. *towels*
4. *tap*
5. *shampoo*
6. *shave*

Hast du mal daran gedacht, Gegenstände bei dir zu Hause mit Aufklebern zu versehen, auf denen der jeweilige englische Begriff steht?

Probier das mal aus – so lernst du neue Begriffe ganz schnell!

FÜLLE DIE LÜCKEN!

1. *proud*
2. *enjoys*
3. *used*
4. *keep*
5. *feel*
6. *talked*

8

?

WORTPAARE

to miss	a test
to present	a president
to elect	an argument
to fail	a song
to attach	a class
to practise	a note

NACHRICHTEN UND POLITIK

nal ti per cy criti gov news de ment ist ves pa in cal mo tive cra jour ga ern

1 ____________________

2 ____________________

3 ____________________

4 ____________________

5 ____________________

6 ____________________

Lösungen

WORTPAARE

to miss	—	*a class*
to present	—	*an argument*
to elect	—	*a president*
to fail	—	*a test*
to attach	—	*a note*
to practise	—	*a song*

Achtung! Nicht immer, wenn du im Deutschen das Verb ***machen*** benutzt, kannst du es im Englischen durch **make** ersetzen. Hier kommt viel häufiger **do** zum Einsatz:

I'll do it in just a moment
– *Ich mache es gleich*

He's going to do work experience
– *Er wird ein Praktikum machen*

There's nothing we can do about it
– *Da können wir nichts machen*

NACHRICHTEN UND POLITIK

1. *critical*
2. *government*
3. *newspaper*
4. *democracy*
5. *investigative*
6. *journalist*

STADTLEBEN

1	at the edge	:	in the middle	=	**suburb**	:	
2	to journey	:	traveller	=	**to commute**	:	
3	of the country	:	of the city	=	**rural**	:	
4	business	:	lobbyist	=	**environmental**	:	
5	develop	:	development	=	**conserve**	:	
6	of the city centre	:	inner city	=	**of the suburbs**	:	

REBUS

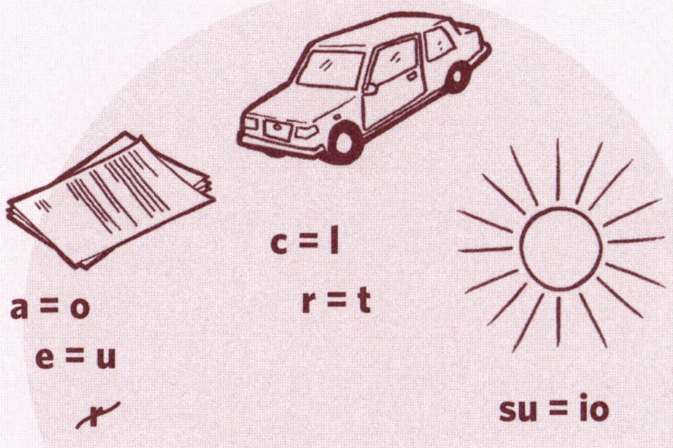

STADTLEBEN

1. *city centre*
2. *commuter*
3. *urban*
4. *activist / protester*
5. *conservation*
6. *suburban*

REBUS

population

EINES PASST NICHT!

1	guy	dude	mate	man	child
2	uncle	pal	mate	chum	friend
3	novel	Roman	play	poem	script
4	author	playwright	poet	writer	publisher
5	to make	to build	to set up	to tear down	to construct
6	to talk	to explain	to speak	to chat	to converse

EINES PASST NICHT!

1. guy dude mate man ~~child~~
2. ~~uncle~~ pal mate chum friend
3. novel ~~Roman~~ play poem script
4. author playwright poet writer ~~publisher~~
5. to make to build to set up ~~to tear down~~ to construct
6. to talk ~~to explain~~ to speak to chat to converse

NICHT SEHR WAHRSCHEINLICH

1. I'm not sure whether that is _ _ _ _ _ _ _ _ .

   L O B S P I E S

2. That's quite an _ _ _ _ _ _ _ _ _ _ story, isn't it?

   P E A R L B I M O B

3. In the _ _ _ _ _ _ _ _ eventuality that you can't...

   Y U L E K I L N

AUSGESPROCHEN ANDERS!

AUCH AUSGESPROCHEN ANDERS!

NICHT SEHR WAHRSCHEINLICH

1. *possible*
2. *improbable*
3. *unlikely*

AUSGESPROCHEN ANDERS!

Von den vier passt **sun** *nicht, weil alle anderen auf einem* **[əʊ]** *enden:* **piano**, **cello**, **Euro**.

AUCH AUSGESPROCHEN ANDERS!

Das Wort **eye** *passt nicht in die Reihe, weil die anderen drei Wörter –* **tree**, **key**, **three** *– alle mit* **[iː]** *ausgesprochen werden,* **eye** *aber mit* **[aɪ]**.

FILM UND FERNSEHEN

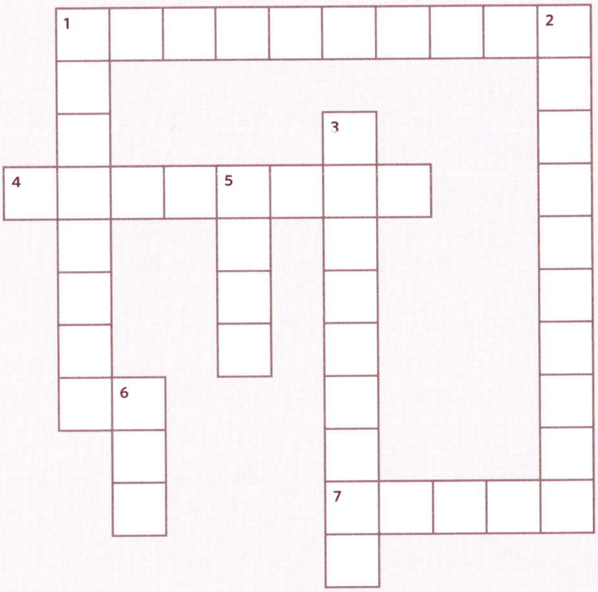

➜

1. They have some really great s________ this season.
4. It's one of the best s________ shows I've ever seen.
7. They hit a r______ patch in season 7, if you ask me.

↓

1. There's a pretty s________ plot twist towards the end.
2. The s__________ is really true-to-life – you can just imagine it.
3. Most r________ were quite unkind, but I really enjoyed the film.
5. What happened? The p_____ is very hard to follow.
6. The best thing about that show is that it is just really good f_____.

Lösungen

FILM UND FERNSEHEN

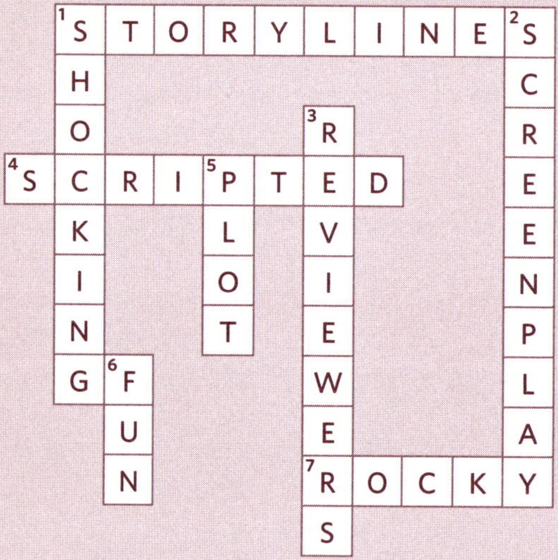

Hast du eine amerikanische oder britische Lieblingsserie? Ja? Dann schau doch mal eine Folge auf DVD oder im Internet auf Englisch an. So lernst du schnell viele neue Wörter.

Wenn du im Internet unterwegs bist, wirst du bestimmt auch Seiten finden, auf denen sich Fans auf Englisch über deine Lieblingssendung austauschen.

WORTWIRBEL

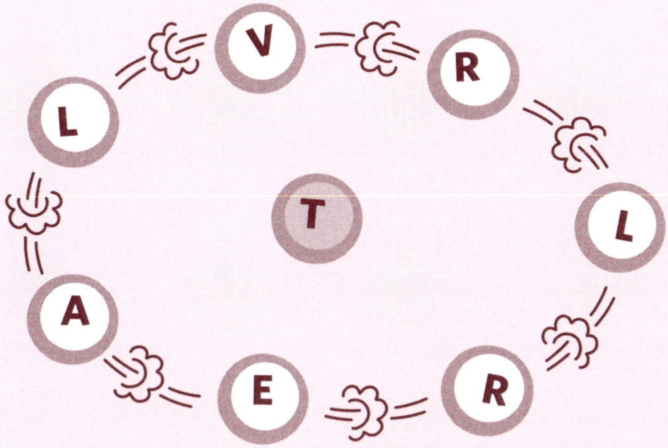

TV,

Schau auf **www.pons.eu** nach, ob die Wörter, die du gefunden hast auch wirklich existieren!

REBUS

WORTWIRBEL

Es gibt viele verschiedene Möglichkeiten.
Hier sind einige davon:

TV – *fernsehen, Fernseher*
tar – *Teer*
vat – *Fass*
rate – *Rate; Satz; Geschwindigkeit*
rear – *Geflügel*
tale – *Erzählung, Märchen*
tear – *Träne; reißen*
later – *später*
travel – *reisen*

REBUS

chaotic

?

LOGISCH?

1. care : careful = **caution** : ______
2. danger : dangerous = **worry** : ______
3. careful : reckless = **slow** : ______
4. predict : unpredictable = **forget** : ______
5. regular : irregular = **usual** : ______
6. official : unofficial = **formal** : ______

PARTYLEBEN

pho leb dal block sa tion night ce rity club tog er sen bust scan ra pher

1. ______
2. ______
3. ______
4. ______
5. ______
6. ______

LOGISCH?

1. *cautious*
2. *worrying*
3. *fast*
4. *unforgettable*
5. *unusual*
6. *informal*

PARTYLEBEN

1. *photographer*
2. *blockbuster*
3. *nightclub*
4. *celebrity*
5. *sensation*
6. *scandal*

Weißt du, was ein **celeb** sein könnte? Richtig, das ist ein *Promi*. Genau wie man im Deutschen das lange Wort ***Prominenter*** verkürzt, wird im Englischen **celebrity** zum praktischen **celeb**, wenn man umgangssprachlich redet.

EXOTISCHE TIERE

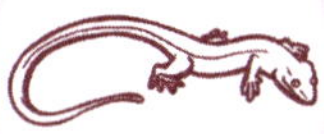

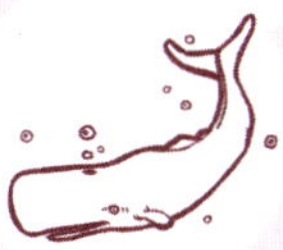

- whale
- snake
- spider
- polar bear
- penguin
- lizard

REBUS

c = k
t = n

b = g
~~e~~

~~e~~
w = o

EXOTISCHE TIERE

 — *polar bear*

 — *penguin*

 — *snake*

 — *lizard*

 — *spider*

 — *whale*

REBUS

kangaroo

EINES PASST NICHT!

1	poem	comedy	horror	adventure	thriller
2	sitcom	quiz show	biography	TV film	news show
3	addict	addicted	added	addiction	addictive
4	elephant	kangaroo	bear	tiger	buffalo
5	penguin	eagle	duck	chicken	lizard

EINES PASST NICHT!

1. ~~poem~~ comedy horror adventure thriller
2. sitcom quiz show ~~biography~~ TV film news show
3. addict addicted ~~added~~ addiction addictive
4. elephant ~~kangaroo~~ bear tiger buffalo
5. penguin eagle duck chicken ~~lizard~~

KALIFORNIEN – "THE GOLDEN STATE"

L	D	Y	L	A	T	S	A	O	C
I	O	D	D	A	N	S	I	W	T
B	O	S	P	L	E	I	N	U	E
E	W	R	A	F	G	E	R	B	N
R	Y	T	C	N	G	C	O	O	I
A	L	S	I	B	G	A	F	A	H
L	L	T	F	T	E	E	I	N	S
T	O	R	I	E	R	R	L	M	N
S	H	Y	C	A	E	A	A	E	U
H	I	S	P	A	N	I	C	O	S

Das Wortgitter enthält acht Begriffe zum bevölkerungsreichsten Staat der USA. Findest du alle?

KALIFORNIEN – "THE GOLDEN STATE"

L	D	Y	L	A	T	S	A	O	C
I	O	D	D	A	N	S	I	W	T
B	O	S	P	L	E	I	N	U	E
E	W	R	A	F	G	E	R	B	N
R	Y	T	C	N	G	C	O	O	I
A	L	S	I	B	G	A	F	A	H
L	L	T	F	T	E	E	I	N	S
T	O	R	I	E	R	R	L	M	N
S	H	Y	C	A	E	A	A	E	U
H	I	S	P	A	N	I	C	O	S

WORTWIRBEL

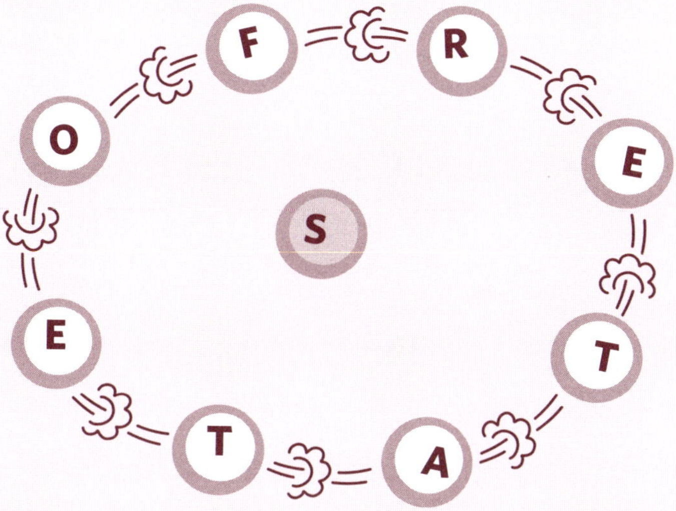

so,

AUSGESPROCHEN ANDERS!

AUCH AUSGESPROCHEN ANDERS!

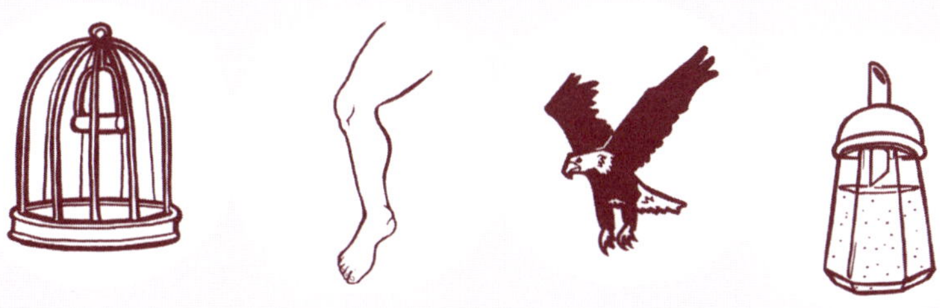

WORTWIRBEL

Mögliche Lösungen

so – so
sat – gesessen
fort – Festung
rest – Pause, Erholung
safe – sicher
soar – in die Höhe schnellen
soft – sanft, weich
sort – Art, Sorte
frost – Frost
safer – später
taste – Geschmack

AUSGESPROCHEN ANDERS!

Das Wort **rose** *passt nicht, weil die anderen beiden Wörter mit* **[ɒ]** *gesprochen werden.* **Rose** *wird mit* **[əʊ]** *gesprochen.*

AUCH AUSGESPROCHEN ANDERS!

Hier geht es um das **g**. *Bei* **leg**, **eagle** *und* **sugar** *sprichst du es wie im deutschen Wort* Hagel. *Bei* **cage** *klingt es wie der Laut, den du am Anfang des Wortes* Dschungel *hörst* **[ʤ]**.

KÖRPERTEILE

S	H	E	A	D	F	D	T	B
F	H	C	R	T	E	C	H	A
O	E	S	M	E	K	H	B	C
O	H	R	A	O	B	E	H	K
T	T	A	A	C	U	S	I	H
O	E	E	T	E	E	T	H	E
T	Y	S	U	S	E	O	H	R
G	E	L	H	R	R	Q	H	B
S	R	E	D	L	U	O	H	S

Kannst du die zehn Körperteile in diesem Wortgitter finden?

KÖRPERTEILE

S	**H**	**E**	**A**	**D**	F	D	T	**B**
F	H	C	R	T	E	**C**	H	**A**
O	E	**S**	**M**	E	K	**H**	B	**C**
O	H	**R**	A	**O**	B	**E**	H	**K**
T	T	**A**	A	C	**U**	**S**	I	H
O	**E**	**E**	**T**	**E**	**E**	**T**	**H**	E
T	**Y**	S	U	S	E	O	**H**	R
G	**E**	**L**	H	R	R	Q	H	B
S	**R**	**E**	**D**	**L**	**U**	**O**	**H**	**S**

Fast alle englischen Wörter, die Körperteile bezeichnen, klingen ähnlich wie die deutschen Übersetzungen: **ears** – *Ohren*, **eyes** – *Augen*, **mouth** – *Mund*.

Allerdings stammen **Adjektive** für Körperteile oft aus dem Lateinischen – vor allem in der Medizin:

ears – aural (Ohr – lat.: auris)
eyes – ocular (Auge – lat.: oculus)
mouth – oral (Mund – lat.: os)

8

GUTAUSSEHENDE MENSCHEN

1 I think she's very _ _ _ _ _ _ _ _ _ _ actually.

T R A C E V A T I T

2 He's an incredibly _ _ _ _ _ _ _ young man.

S H E D M O A N

3 She looks so _ _ _ _ _ _ _ _ _ in that dress!

I A T U B E F L U

AUF REISEN

1 I want to experience the extreme heat and light of the d _ s _ _ t.

2 The world's r _ _ n f _ _ _ _ _ _ are still in serious danger.

3 My cousin went climbing in the m _ u _ _ a _ _ s of India and Nepal.

4 I'd love to go on safari in the African s _ v _ n _ _ h.

5 The dark pine f _ r _ _ t _ and the huge l _ k _ s of Scandinavia are beautiful.

6 I was always amazed to learn the size and depth of the Pacific O _ _ a _ .

GUTAUSSEHENDE MENSCHEN

1. *attractive*
2. *handsome*
3. *beautiful*

AUF REISEN

1. *desert*
2. *rainforests*
3. *mountains*
4. *savannah*
5. *forests, lakes*
6. *Ocean*

9

KLASSE 9

9

9

?

WAS KOMMT IN DIE LÜCKE?

1 Sign off with "yours f _ _ _ _ _ _ _ _ _"
if you don't know the person.

L L F T H I U A Y

2 A lot of people misspell "yours s _ _ _ _ _ _ _ _"
when writing letters.

E L C E R I Y N

3 My father was s _ _ _ _ _ _ _ _ ill for a while,
but he's well again now.

O E U S R L Y I

4 This is s _ _ _ _ _ _ _ between you and me, but I heard...

T I T R L C Y

5 She was so e _ _ _ _ _ _ _ concentrated on her work
that she didn't hear me.

R N E L T Y I

6 Yes, you're c _ _ _ _ _ _ _ _ _ right about that
as far as I'm concerned!

L E T O E L M Y P

ANAGRAMM

T	A	A
I	U	A
S	L	R

Once little more than a penal colony,

_ _ _ _ _ _ _ _ _

is now one of the world's richest countries.

Weißt du, was **penal colony** bedeutet? Du kannst auf **www.pons.eu** ganz schnell nachschauen!

Lösungen

WAS KOMMT IN DIE LÜCKE?

1. *faithfully*
2. *sincerely*
3. *seriously*
4. *strictly*
5. *entirely*
6. *completely*

ANAGRAMM

Australia

PROBLEME

1 The previous government made a lot of

_ _ _ _ _ _ _ _.

I T S M A K E S

2 Unemployment is one of the country's worst

_ _ _ _ _ _ _ _.

L O B P E R M S

3 These are all _ _ _ _ _ _ _ _ _ that need political answers.

Q U I T S O N E S

DAS RICHTIGE VERB

create • a job

do • your skills

develop • tomatoes

carry • classes

swap • a wallet

grow • a profile

Lösungen

PROBLEME

1. *mistakes*
2. *problems*
3. *questions*

DAS RICHTIGE VERB

create — *a profile*

do — *a job*

develop — *your skills*

carry — *a wallet*

swap — *classes*

grow — *tomatoes*

9

STÄDTE, STÄDTE, STÄDTE

Hier verstecken sich 6 Städte. Kleiner Tipp, sie befinden sich in England, den USA und Kanada und haben jeweils drei Silben oder mehr.

ing ron chi ming
man ter phia
wash ches bir
phila to ton
go ham to
del ca

1. ______________________________
2. ______________________________
3. ______________________________
4. ______________________________
5. ______________________________
6. ______________________________

REBUS

Lösungen

STÄDTE, STÄDTE, STÄDTE

1. *Chicago*
2. *Manchester*
3. *Washington*
4. *Birmingham*
5. *Philadelphia*
6. *Toronto*

REBUS

chaotic

Weißt du, wieso der Begriff **America** eigentlich fast immer falsch benutzt wird?

Das Wort bezieht sich eher auf die Landmasse, die aus den Kontinenten Nord- und Südamerika besteht. Richtiger wäre es daher **the United States** zu sagen.

Allerdings nennen sich US-Bürger selbst und ihr Land fast immer **Americans** und **America**.

EINES PASST NICHT!

1	blond	dark	auburn	ginger	purple
2	short	slowly	curly	long	wavy
3	trendy	stylish	hip	classic	cool
4	vintage	old	traditional	classic	modern
5	pitch	court	field	track	room
6	cup	puck	ball	bat	stick

EINES PASST NICHT!

1. *blond dark auburn ginger ~~purple~~*
2. *short ~~slowly~~ curly long wavy*
3. *trendy stylish hip ~~classic~~ cool*
4. *vintage old traditional classic ~~modern~~*
5. *pitch court field track ~~room~~*
6. *~~cup~~ puck ball bat stick*

DIE UMWELT

1	Green	peace	=	**Friends of the**	E
2	fuel	efficient	=	**environ-mentally**	f
3	ecolo-gical	impact	=	**carbon**	f
4	climate	change	=	**Green-house**	e
5	polar ice caps	melting	=	**sea levels**	r
6	defore-station	Amazon	=	**deserti-fication**	s

AUSGESPROCHEN ANDERS!

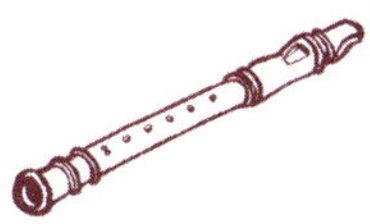
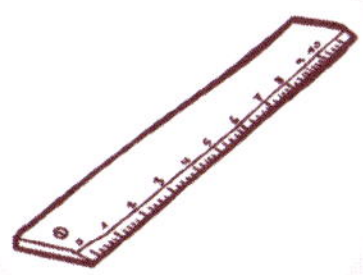

AUCH AUSGESPROCHEN ANDERS!

Lösungen

DIE UMWELT

1. *Earth*
2. *friendly*
3. *footprint*
4. *effect*
5. *rising*
6. *Sahara*

AUSGESPROCHEN ANDERS!

In dieser Reihe passt **duck** *nicht, weil das* **u** *darin als* **[ʌ]** *gesprochen wird.* **Ruler**, **flute** *und* **glue** *werden zwar ebenfalls mit* **u** *geschrieben, aber mit* **[u:]** *ausgesprochen.*

AUCH AUSGESPROCHEN ANDERS!

Das Wort **candle** *fällt aus der Reihe, weil man am Anfang ein* **[k]** *spricht. Bei allen anderen Wörtern sprichst du ein* **[ʃ]**.

9 ?

NATURWUNDER

T	E	N	I	A	T	N	U	O	M
S	E	D	D	A	R	S	I	W	U
E	O	S	P	G	E	I	O	U	D
R	P	R	A	R	S	D	T	U	F
O	C	E	A	N	E	E	O	W	L
F	E	S	I	B	D	L	F	I	A
N	T	T	F	E	E	T	I	N	T
I	A	W	E	T	L	A	N	D	S
A	I	T	A	E	E	I	C	T	U
R	F	E	E	R	L	A	R	O	C

Findest du die acht verschiedenen Landschaftstypen in diesem Wortgitter?

Lösungen

NATURWUNDER

T	E	N	I	A	T	N	U	O	M
S	E	D	D	A	R	S	I	W	U
E	O	S	P	G	E	I	O	U	D
R	P	R	A	R	S	D	T	U	F
O	C	E	A	N	E	E	O	W	L
F	E	S	I	B	D	L	F	I	A
N	T	T	F	E	E	T	I	N	T
I	A	W	E	T	L	A	N	D	S
A	I	T	A	E	E	I	C	T	U
R	F	E	E	R	L	A	R	O	C

RELIGION

→

1 katholisch
5 Kathedralen
8 evangelisch
9 Gebete

↓

2 Kirche
3 Nonnen
4 glauben
6 Theologie
7 Mönche

RELIGION

1 C	A	T	H	O	L	I	2 C			3 N
							H			U
					4 B		U			N
	5 C	A	6 T	H	E	D	R	A	L	S
			H		L		C			
			E		I		H			
			O		E				7 M	
			L		V				O	
	8 P	R	O	T	E	S	T	A	N	T
			G						K	
9 P	R	A	Y	E	R	S			S	

IM URLAUB

E	C	S
U	E	S
N	R	N

Don't forget to apply a lot of _ _ _ _ _ _ _ _ _ if you're spending the day at the beach!

DIE STEINZEIT

ancestors •	Stämme
primitive •	Ahnen
remains •	Höhlen
tribes •	Überbleibsel
caves •	urzeitlich

IM URLAUB

sunscreen

DIE STEINZEIT

ancestors	—	*Ahnen*
primitive	—	*urzeitlich*
remains	—	*Überbleibsel*
tribes	—	*Stämme*
caves	—	*Höhlen*

Nach der ***Steinzeit*** **Stone Age** lernten die Menschen erst Bronze und dann Eisen herzustellen. Auf Englisch heißen diese Zeitalter **Bronze Age** *Bronzezeit* und **Iron Age** *Eisenzeit*.

Aus diesen drei Zeitaltern besteht die menschliche ***Urgeschichte*** – oder **prehistory**, wie englischsprachige Archäologen sie nennen.

LITERATUR

1. The author uses a lot of m __ t __ p h __ __ s involving animals.
2. Edgar Allen Poe was a master of the short s __ o __ __ form.
3. George Eliot employs a range of literary d __ v __ c __ s in Middlemarch.
4. Have you read any Fitzgerald? What do you think of his s __ y __ __ ?
5. I personally enjoy Dickens' use of i __ a g __ __ y in this extract.
6. Above all, War & Peace is a h __ s __ __ __ __ c a __ novel.

KRÄUTER UND GEWÜRZE

li ger pep na gar chi lic cin mon nil gin per la va

1. ______________________
2. ______________________
3. ______________________
4. ______________________
5. ______________________
6. ______________________

Lösungen

LITERATUR

1. *metaphors*
2. *story*
3. *devices*
4. *style*
5. *imagery*
6. *historical*

KRÄUTER UND GEWÜRZE

1. *pepper*
2. *garlic*
3. *chilli*
4. *cinnamon*
5. *ginger*
6. *vanilla*

LOGISCH?

1. suspect : suspicion = **protect** :
2. suspect : suspicious = **violence** :
3. famous : fame = **recognised** :
4. play : playful = **relax** :
5. confirm : confirmation = **sign** :
6. luck : lucky = **fortune** :

REBUS

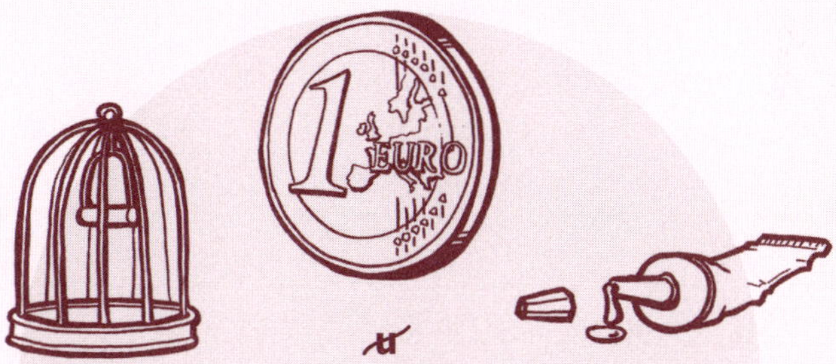

~~c~~
g = v
~~e~~

~~u~~
o = a

~~lu~~

LOGISCH?

1. *protection*
2. *violent*
3. *recognition*
4. *relaxed*
5. *signature*
6. *fortunate*

REBUS

average

EINES PASST NICHT!

1	cloudy	cool	foggy	damp	deep
2	sunny	strong	hot	dry	warm
3	addict	addicted	added	addiction	addictive
4	elephant	kangaroo	bear	tiger	buffalo
5	penguin	eagle	duck	chicken	lizard

EINES PASST NICHT!

1. *cloudy   cool   foggy   damp   ~~deep~~*
2. *sunny   ~~strong~~   hot   dry   warm*
3. *orange   apple   ~~pair~~   lemon   strawberry*
4. *~~raspberry~~   blackberry   blackcurrant   blueberry   strawberry*
5. *to plant   to sow   to water   ~~to cook~~   to harvest*

FÜLLE DIE LÜCKE

1. The _ _ _ _ _ _ _ _ was last week at the local cemetery.

   R U N F L E A

2. This necklace? I _ _ _ _ _ _ _ _ _ _ it from my grandmother.

   H I D E I N T E R

3. He's buried in the _ _ _ _ _ _ _ _ _ _ at St. Anne's church.

   D A Y V R A G E R

AUSGESPROCHEN ANDERS!

AUCH AUSGESPROCHEN ANDERS!

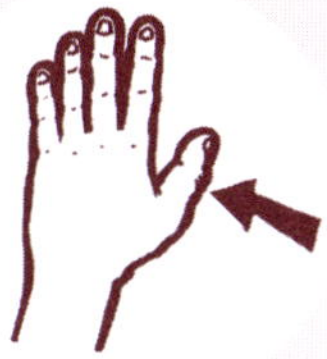

FÜLLE DIE LÜCKE

1. *funeral*
2. *inherited*
3. *graveyard*

AUSGESPROCHEN ANDERS!

Das Wort **bear** *passt nicht, weil es mit* **[e]** *, alle anderen aber mit* **[eɪ]** *ausgesprochen werden.*

AUCH AUSGESPROCHEN ANDERS!

Trousers *passt nicht in die Reihe, weil es mit* **[t]** *, die beiden anderen aber mit* **[θ]** *beginnen.*

EUROPÄISCHE SPRACHEN

↓

1. This language is spoken around Barcelona.
2. South America's biggest country also speaks this language.
3. It is the largest of the Scandinavian languages.
4. This language is spoken in an Eastern European country.
5. Some call this the language of love.

→

3. This is the second most natively spoken language in the world.
6. The English name for this language sounds like it means German!
7. A Baltic language related to Finnish and Hungarian.

Lösungen

EUROPÄISCHE SPRACHEN

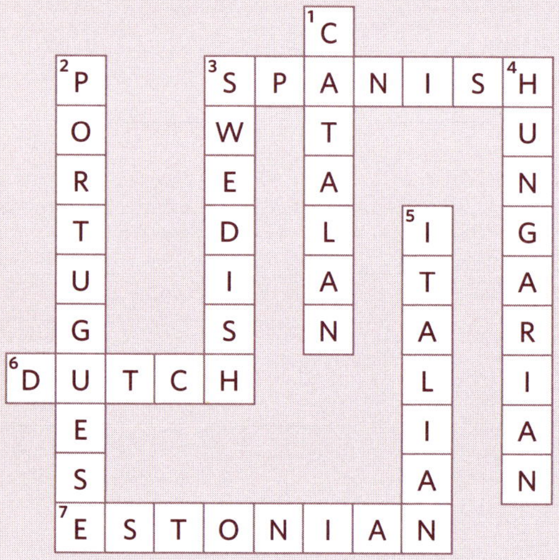

GEFÜHLE

D	R	G	A	N	G	R	Y	P
E	E	P	F	E	P	O	L	C
L	R	P	C	K	E	F	M	O
I	O	A	R	Y	U	T	H	N
G	W	E	K	E	P	Z	E	F
H	A	P	P	Y	S	A	D	U
T	N	E	R	V	E	S	O	S
E	G	G	I	T	T	L	E	E
D	G	P	L	E	A	S	E	D

Die englische Übersetzung der untenstehenden Wörter findest du im Wortgitter. Schreibe sie in die Lücken.

entzückt _ _ _ _ _ _ _ _ _

verärgert _ _ _ _ _

verwirrt _ _ _ _ _ _ _ _

glücklich _ _ _ _ _

zufrieden _ _ _ _ _ _ _

verstimmt _ _ _ _ _ _ _ _ _

traurig _ _ _

bestürzt _ _ _ _ _

GEFÜHLE

D	R	G	**A**	**N**	**G**	**R**	**Y**	P
E	**E**	P	F	E	P	O	L	**C**
L	R	**P**	C	K	E	F	M	**O**
I	O	A	**R**	Y	**U**	T	H	**N**
G	W	E	K	**E**	**P**	Z	E	**F**
H	**A**	**P**	**P**	**Y**	**S**	**A**	**D**	**U**
T	N	E	R	V	**E**	**S**	O	**S**
E	G	G	I	T	**T**	L	**E**	**E**
D	G	**P**	**L**	**E**	**A**	**S**	**E**	**D**

entzückt *delighted*
verärgert *angry*
verwirrt *confused*
glücklich *happy*
zufrieden *pleased*
verstimmt *depressed*
traurig *sad*
bestürzt *upset*

WORTWIRBEL

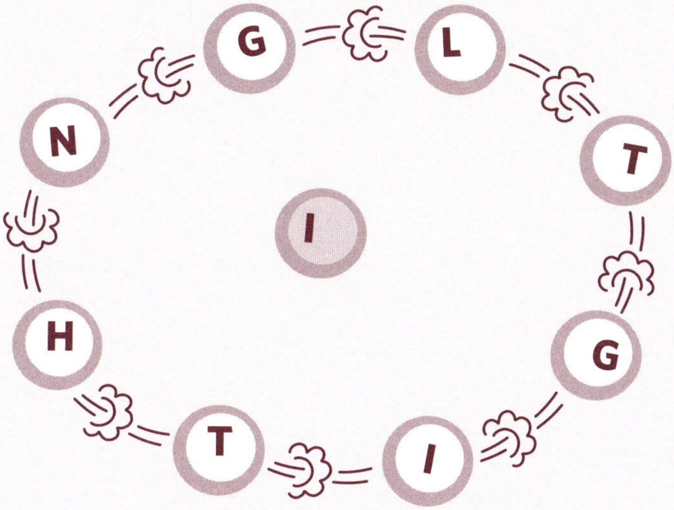

in,

Schau auf **www.pons.eu** nach, ob es die Wörter, die du gefunden hast, auch wirklich gibt!

WORTWIRBEL

Es gibt viele verschiedene Möglichkeiten.
Hier sind einige davon:

in – *in*
lit – *beleuchtet, angezündet*
nil – *nichts; Null*
glint – *Funke; glitzern*
light – *Licht; leicht*
lighting – *Beleuchtung*

10

KLASSE 10

10

LÜCKENFÜLLER

1 _ _ _ _ _ from that one time, we've never had any problems.

A A T R P

2 Everyone was there – _ _ _ _ _ _ for John, of course.

E E P T C X

3 _ _ _ _ _ _ _ Sarah, is there anyone else who can make it tomorrow?

S I B E D E S

4 Not _ _ _ _ _ _ _ _ _ travel costs, it should cost about £300 for a week.

I D N I N C L U G

5 If we _ _ _ _ _ him out, there'll be 10 of us.

V E E A L

6 _ _ _ _ _ _ _ _ _ _ that idea for just one moment, how else could we do it?

R F O T T I N G G E

ANAGRAMM

C	O	E
N	X	T
E	I	P

I'll make an _ _ _ _ _ _ _ _ _ just this once!

LÜCKENFÜLLER

1. *apart*
2. *except*
3. *besides*
4. *including*
5. *leave*
6. *forgetting*

ANAGRAMM

exception

Ausnahmen bestätigen die Regel – das hat man schon gehört. Eigentlich handelt es sich aber hierbei um eine Fehlübersetzung aus dem Englischen: **the exception proves the rule**.

Früher hieß **to prove** nämlich nicht ***bestätigen*** oder ***beweisen***, sondern ***auf die Probe stellen***: die Ausnahme stellte die Regel also zuerst auf die Probe!

Die Engländer setzen den Spruch aber heutzutage genauso falsch ein wie die Deutschen. Mit dem Wissen kannst du also in beiden Ländern punkten ...

?

WO IST ES?

1. I think your shoes must be in the _ _ _ _ _ _ _ _.

D O P U B C A R

2. Have you looked in the _ _ _ _ _ _ _ _ in the spare room?

W O R E D B A R

3. It must be downstairs in the _ _ _ _ _ _ _ _.

B E S T M E A N

LIEBESDINGE

la ing break ge boy sa ship feel to ver ry tion ni an friend ther up re

1. ______________________________
2. ______________________________
3. ______________________________
4. ______________________________
5. ______________________________
6. ______________________________

WO IST ES?

1. *cupboard*
2. *wardrobe*
3. *basement*

LIEBESDINGE

1. *breakup*
2. *boyfriend*
3. *feeling*
4. *together*
5. *anniversary*
6. *relationship*

COMPUTER

- printer
- mouse
- smart phone
- monitor
- keyboard
- laptop

REBUS

t = w
~~re~~

ea = si
~~r~~

~~la~~
k = t

COMPUTER

 — *monitor*

 — *keyboard*

 — *mouse*

 — *printer*

 — *laptop*

 — *smart phone*

REBUS

website

EINES PASST NICHT!

1	blog	profile	URL	site	place
2	click	press	draw	type	tap
3	web	telephone	internet	online	cyberspace
4	to skype	to google	to facebook	to phone	to youtube
5	printer	singer	scanner	copier	speaker
6	USB	etc	http	www	VGA

EINES PASST NICHT!

1. *blog profile URL site ~~place~~*
2. *click press ~~draw~~ type tap*
3. *web ~~telephone~~ internet online cyberspace*
4. *to skype to google to facebook ~~to phone~~ to youtube*
5. *printer ~~singer~~ scanner copier speaker*
6. *USB ~~etc~~ http www VGA*

GESUNDHEIT

1	weighs too much	:	overweight	=	**weights too little**	:	
2	in good health	:	healthy	=	**in poor health**	:	
3	energetic	:	full of energy	=	**lethargic**	:	
4	can run a mile	:	fit	=	**can't run a yard**	:	
5	no muscles	:	scrawny	=	**lots of muscles**	:	
6	weak	:	weakness	=	**strong**	:	

GESUNDHEIT

1. *underweight*
2. *unhealthy*
3. *lacking energy*
4. *unfit*
5. *muscular, well-built*
6. *strength*

BILDUNG

E	S	M	A	X	E	U	G	A	P
Y	T	I	S	R	E	V	I	N	U
S	A	D	E	A	R	S	I	W	P
E	O	S	C	G	G	I	O	U	I
G	P	F	O	G	E	I	T	U	L
E	S	T	N	E	D	U	T	S	U
L	A	S	D	B	H	A	F	I	H
L	T	T	A	E	E	A	I	N	S
O	A	P	R	I	M	A	R	Y	N
C	I	T	Y	F	E	I	C	T	U

In diesem Wortgitter gibt es acht Wörter zum Thema *Bildung*. Wie schnell findest du sie?

Lösungen

BILDUNG

E	S	M	A	X	E	U	G	A	P
Y	T	I	S	R	E	V	I	N	U
S	A	D	E	A	R	S	I	W	P
E	O	S	C	G	G	I	O	U	I
G	P	F	O	G	E	I	T	U	L
E	S	T	N	E	D	U	T	S	U
L	A	S	D	B	H	A	F	I	H
L	T	T	A	E	E	A	I	N	S
O	A	P	R	I	M	A	R	Y	N
C	I	T	Y	F	E	I	C	T	U

JOBS & BEWERBUNG

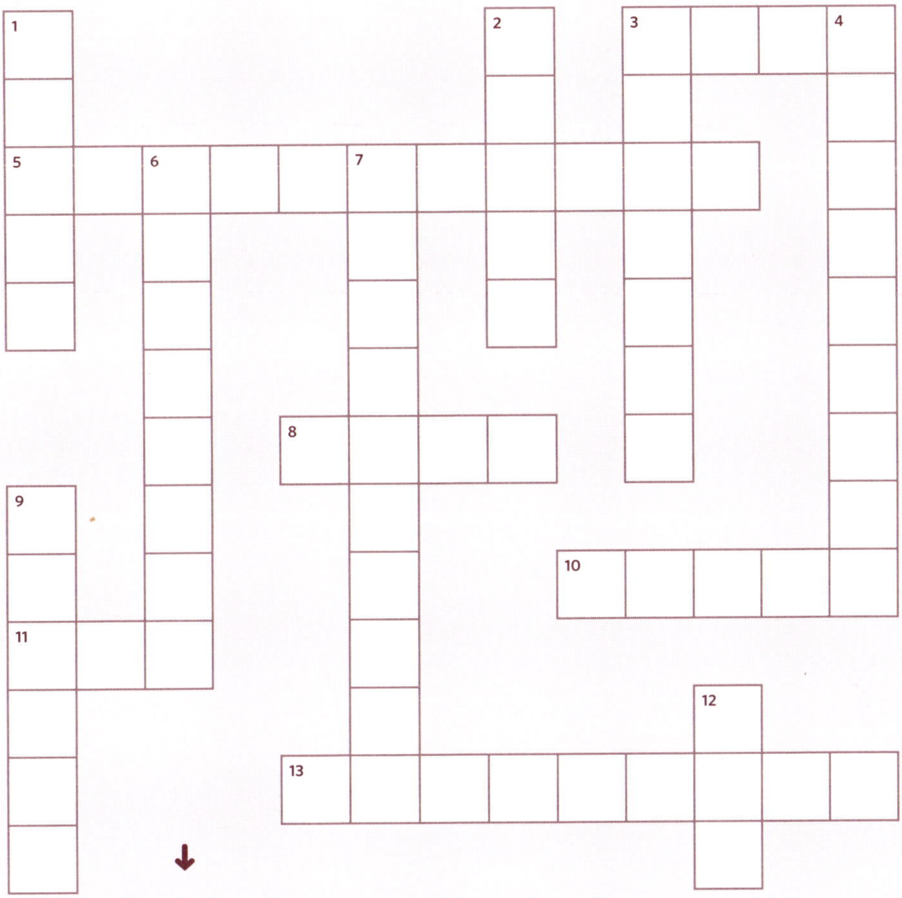

↓

1. Personal
2. Lebenslauf (2. Teil)
3. suchen (2 Wörter)
4. Arbeitgeber (Pl.)
6. Arbeitsstelle
7. Lebenslauf (1. Teil)
9. Arbeiter
12. bekommen

→

5. Bewerbung
8. finden
10. verdient
11. führen
13. Arbeitnehmer (Pl.)

JOBS & BEWERBUNG

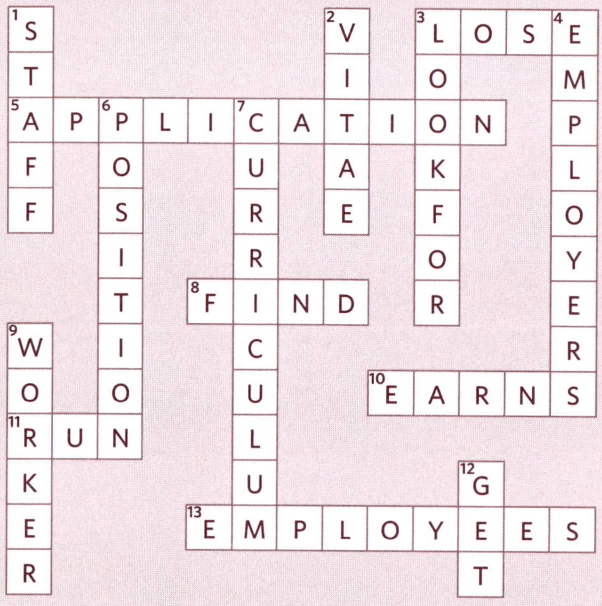

WORTWIRBEL

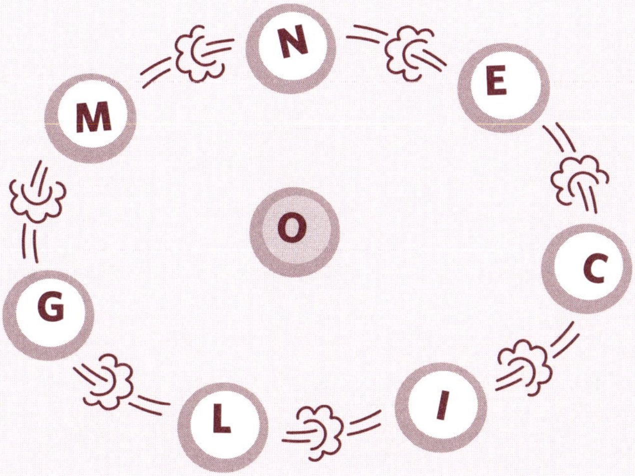

on,

Schau unter **www.pons.eu** nach, ob es die Wörter, die du gefunden hast auch wirklich gibt!

WORTWIRBEL

Es gibt viele verschiedene Möglichkeiten.
Hier sind einige davon:

on – *auf, an*
no – *nein, kein*
log – *Logbuch; Holzklotz*
one – *1, ein*
gone – *weg*
lone – *einsam, allein*
long – *lang*
mole – *Maulwurf*
omen – *Omen*
clone – *Klon*
logic – *Logik*

BERUFE

1. My mum is an automotive __ __ __ __ __ __ __ __.

G E E R E I N N

2. My dad works as a __ __ __ __ __ __ __ __ __ __ for a paper.

J A I L O R S N U T

3. Her parents are both school __ __ __ __ __ __ __ __ __ __.

C R E A T E A R K S

SCHLECHT FÜR DIE GESUNDHEIT

1. From a health point of view, there are so many reasons not to sm __ k __.
2. C __ g __ __ e __ __ __ advertising has been banned in many countries.
3. The problem is that nicotine is a highly a __ d __ c __ __ __ e substance.
4. Smokers run a far higher risk of getting lung c __ __ c __ r.
5. A high proportion of people who smoke are "s o __ __ __ l smokers".
6. More than half the price of a p __ c k __ __ of cigarettes is made up by tax.

BERUFE

1. *engineer*
2. *journalist*
3. *caretakers*

SCHLECHT FÜR DIE GESUNDHEIT

1. *smoke*
2. *cigarette*
3. *addictive*
4. *cancer*
5. *social*
6. *packet*

10

IM KRANKENHAUS

point ca tal op tion medi ment scrip ap pre pi doc era tion tion hos tor

1 ____________________
2 ____________________
3 ____________________
4 ____________________
5 ____________________
6 ____________________

FALSCHE FREUNDE

Achtung! Die richtige Übersetzung ist oft nicht die erste, an die du vielleicht denkst!

campaign •	Handlung
affection •	sensibel
sensible •	Mitgefühl
sensitive •	vernünftig
action •	Aktion
sympathy •	Sympathie

Lösungen

IM KRANKENHAUS

1 *operation*

2 *medication*

3 *appointment*

1 *prescription*

2 *doctor*

3 *hospital*

FALSCHE FREUNDE

campaign — *Aktion*

affection — *Sympathie*

sensible — *vernünftig*

sensitive — *sensibel*

action — *Handlung*

sympathy — *Mitgefühl*

DIE UMWELT

T	L	L
I	O	U
O	P	N

_ _ _ _ _ _ _ _ _ _ _ of all kinds poses a real risk to our natural environment.

REBUS

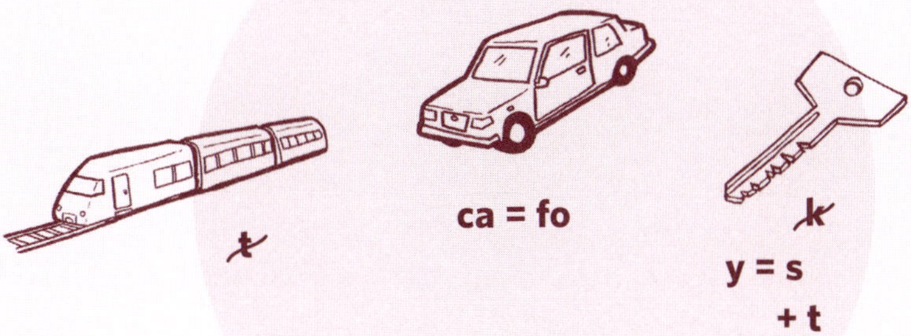

DIE UMWELT

pollution

REBUS

rainforest

Kennst du den Begriff **eco-warrior**? **Warrior** heißt *Krieger*, und **eco** kommt vom Wort **ecological** *ökologisch*.

Weniger freundlich nennt man Umweltfreunde, die es nach landläufiger Meinung etwas übertreiben, auch **treehuggers...** Im Deutschen gibt es bestimmt etwas Ähnliches.

EINES PASST NICHT!

1	purple	violet	lilac	yellow	indigo
2	blue	crimson	scarlet	ruby	burgundy
3	copper	gold	silver	bronze	platinum
4	diamond	stone	sapphire	emerald	ruby
5	rich	wealthy	well-off	well-to-do	well done
6	needy	poor	poorly	broke	badly-off

EINES PASST NICHT

1. *purple violet lilac ~~yellow~~ indigo*
2. *~~blue~~ crimson scarlet ruby burgundy*
3. *copper gold silver ~~bronze~~ platinum*
4. *diamond ~~stone~~ sapphire emerald ruby*
5. *rich wealthy well-off well-to-do ~~well done~~*
6. *needy poor ~~poorly~~ broke badly-off*

MAKING WORDS

1	perfect	:	perfection	=	**pure**	:	
2	illustration	:	illustrate	=	**demolition**	:	
3	agree	:	agreement	=	**argue**	:	
4	funny	:	hilarious	=	**big**	:	
5	lawful	:	unlawful	=	**legal**	:	
6	offend	:	offensive	=	**convince**	:	

AUSGESPROCHEN ANDERS!

AUCH AUSGESPROCHEN ANDERS!

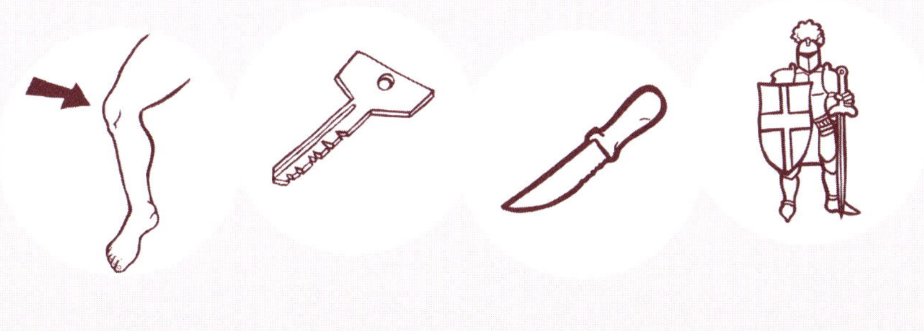

MAKING WORDS

1. *purity*
2. *demolish*
3. *argument*
4. *enormous/huge/massive/gigantic*
5. *illegal*
6. *convincing*

Auch englischsprachige Kinder müssen ihre eigene Sprache schreiben lernen. In der Schule werden sie auf sogenannte ***stille Buchstaben*** **silent letters** wie **k** am Anfang oder **b** am Ende von einigen Wörtern aufmerksam gemacht.

Diese Buchstaben werden nicht gesprochen. Beispiel: **knife**, **knee**, **lamb**, **comb**.

AUSGESPROCHEN ANDERS!

Das Wort **window** *passt nicht, weil es im Gegensatz zu* **star**, **fly** *und* **bread** *zweisilbig ist.*

AUCH AUSGESPROCHEN ANDERS!

Key *fällt aus der Reihe, da nur hier das* **k** *am Anfang des Wortes gesprochen wird. In den anderen drei Wörtern wird es als stiller Buchstabe nicht gesprochen.*

GEGEN DAS VERBRECHEN

P	O	L	I	C	E	U	G	A	S
R	U	F	S	R	R	V	I	N	T
I	E	N	E	A	R	L	I	M	S
S	U	C	I	G	G	A	J	E	I
O	P	Z	P	S	E	N	U	O	R
N	E	A	T	I	H	I	D	I	O
V	E	S	F	G	U	M	G	I	R
T	T	L	E	E	F	I	E	N	R
O	A	P	H	I	Z	R	R	N	E
S	E	N	T	E	N	C	E	T	T

Wie schnell findest du die acht Wörter, die mit dem Thema *Verbrechen* zu tun haben?

GEGEN DAS VERBRECHEN

P	O	L	I	C	E	U	G	A	S
R	U	F	S	R	R	V	I	N	T
I	E	N	E	A	R	L	I	M	S
S	U	C	I	G	G	A	J	E	I
O	P	Z	P	S	E	N	U	O	R
N	E	A	T	I	H	I	D	I	O
V	E	S	F	G	U	M	G	I	R
T	T	L	E	E	F	I	E	N	R
O	A	P	H	I	Z	R	R	N	E
S	E	N	T	E	N	C	E	T	T

POLITIK

↓

1. Troops can only be sent into combat by ________ order.
2. The British ________ is by some measures the oldest in the world.
3. He was unable to convince ________ that he was the right man for the job.
5. Successive ________ have been unable to deal with the problem.
8. Politicians tend to fund their initiatives through new ________.

→

2. ________ is a messy business.
4. The belief in ________ is deeply anchored in Western society.
6. After several scandals, the ________ was forced to resign.
7. The ________ is the Upper House of the US parliament.
9. ________ are a controversial way to support businesses.

POLITIK

	1 P				2 P	O	L	I	T	I	C	S
	R		3 V		A							
4 D	E	M	O	C	R	A	C	Y				5 G
	S		T		L							O
	I		E		I							V
	D		R		A							E
	E		S		6 M	I	N	I	S	T	E	R
	N				E							N
	T		7 S	E	N	A	8 T	E				M
	I				T		A					E
	A						X					N
	L						E					T
				9 S	U	B	S	I	D	I	E	S

WORTWIRBEL

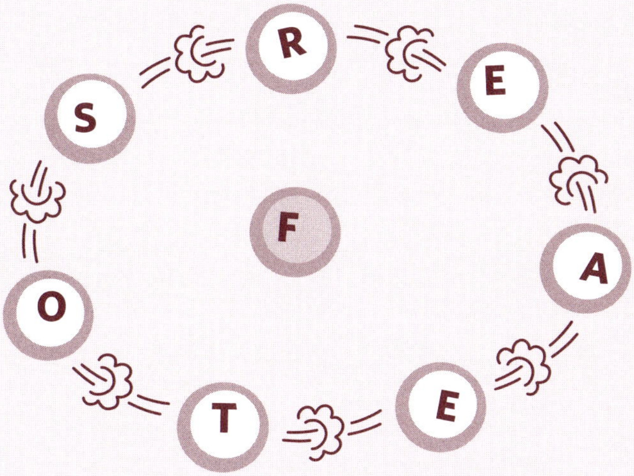

fat,

Schau unter **www.pons.eu** nach, ob es die Wörter, die du gefunden hast auch wirklich gibt!

WORTWIRBEL

Mögliche Lösungen:

fat – *Fett; dick*
for – *für*
fast – *schnell*
fear – *Angst; fürchten*
feet – *Füße*
reef – *Riff*
safe – *sicher*
after – *danach*
feast – *Festmahl*
frost – *Frost*
safer – *sicherer*
fester – *eitern; gären*
forest – *Wald*
foster – *fördern; pflegen*

VERGANGENHEITSFORMEN

1. This winter was so cold that the lake f __ __ z __ over.
2. I'm sorry, I o __ e __ s l __ __ __ this morning by quite some time.
3. I t __ __ g h __ myself the basics of computer programming.
4. It's far worse than I t h __ __ __ __ __!
5. I think she u __ d __ __ s __ __ o __ what I was trying to tell her.
6. I said I wouldn't call him again - and I m __ a __ t it!

GESCHENKE

1. I'll bring you __ __ __ __ __ __ __ in the pouring rain.

   S E R F O W L

2. __ __ __ __ __ __ __ __ are a girl's best friend!

   M A I D N O D S

3. You're sweet like __ __ __ __ __ __ __ __ __.

   C A C H E T O O L

VERGANGENHEITSFORMEN

1. *froze*
2. *overslept*
3. *taught*
4. *thought*
5. *understood*
6. *meant*

GESCHENKE

1. *flowers*
2. *diamonds*
3. *chocolate*

PONS Das große Übungsbuch Mathematik

5. - 10. Klasse

Der komplette Lernstoff in 900 Übungen

- Wissen kompakt:
  alle wichtigen Themen wie Zahlen und Größen, Brüche und Dezimalzahlen, Prozentrechnung, Gleichungen, Wahrscheinlichkeiten, Geometrie und Sachaufgaben
- Selbst entdecken: die wichtigsten Regeln ableiten, verstehen und anwenden
- Lerntipps: machen das Lernen leichter und weisen auf typische Fehler hin

Format: 17 x 24 cm
Broschur, ca. 480 Seiten
ISBN: 978-3-12-561797-1

PONS
www.pons.de